사장님,
어디선가
돈이 새고
있어요

3.729.024.217
4.320.161
1.732.496.312
99.024.311
27.017.309

99.024.311
27.017.309
8.210.423
3.729.024.217
1.732.496.312

ACCOUNTANT
TURNOVER
INVENTORY
INDIVIDUAL
PERFORMANCE
PROFIT
DIVIDEND
PRODUCTION COST

새는 돈 막고
이익을 내게 하는
똑똑한 회계 상담실

사장님, 어디선가 돈이 새고 있어요

백보현 지음

SALES STATEMENT
SALE CREDIT
COMPENSATION FOR
DAMAGES
DEBT RATIO
GIFT TAX
TAX INVOICE
INCORPORATOR

1.732.496.312
99.024.311
27.017.309
8.210.423
3.729.024.217

3.729.024.217
4.320.161
1.732.496.312
99.024.311
27.017.309

갈매나무

Contents

프롤로그 회계 관리, 무엇이고 어떻게 해야 할까?   7

1부   어디선가 돈이 새고 있다!
– 놓치기 쉬운 비용 관련 이야기

01 이익이 1억인데, 그 돈이 다 어디 갔을까?   18

02 매출은 일어났는데 수금이 안 된다?   24

03 받아야 할 돈은 못 받고 줄 돈은 두 번 주고……   34

04 미수금은 왜 줄지 않을까?   39

05 낼 필요 없는 세금을 내게 되는 경우   46

06 재고자산, 어떻게 관리해야 할까?   55

07 큰 회사든 작은 회사든 꼭 필요한 장부   62

08 눈에 보이지 않는 것이 더 큰 영향을 끼친다   72

09 모든 것은 현금으로 귀결된다   80

2부 어떻게 이익을 꾀할 것인가
– 회사에 이익을 가져오는 회계 관리의 비밀

10 원가계산이 경영의 핵심이다 **98**

11 경쟁에 밀려 가격을 할인하는 것은 위험하다 **111**

12 대출을 받아서라도 더 투자할 것인가, 멈출 것인가? **118**

13 부채 관리의 기술 **127**

14 회사의 자산을 경제적으로 관리하는 기술 **132**

15 회사의 무형자산을 관리할 때 알아두어야 할 것들 **141**

16 5,000만 원을 번 것일까, 5,000만 원을 날린 것일까? **151**

17 매출을 늘리거나 비용을 줄이면 무조건 좋은 것인가? **161**

18 직원은 비용일까, 자산일까? **170**

19 회계를 알면 미래가 보인다 **176**

3부 큰 회사나 작은 회사나 빠지기 쉬운 함정
– 경영의 효율을 높여주는 회계 관리 비법

20 개인회사와 법인회사는 무엇이 어떻게 다른가   182

21 법인의 돈을 빌려 쓸 때도 세금을 내야 한다   189

22 개인사업자로 남을까, 법인회사로 전환할까?   198

23 핵심은 증빙이다   209

24 퇴직금 부채의 습격   218

25 "증여세, 저도 내야 할까요?"   227

26 유상증자를 할 때도 증여세를 낼까?   241

27 예상치 못하게 억울한 세금을 내는 경우   246

28 명의 대여 부탁은 거절하라   254

에필로그 오래가는 기업은 회계 관리 능력이 다르다   258

회계 관리, 무엇이고 어떻게 해야 할까?

창업을 꿈꾸는 직장인들, 이미 창업을 해서 내 가게, 내 회사를 키우기 위해 노심초사하는 초보 사장님들은 물론이고 제법 모양새를 갖춘 기업체를 이끌어가는 경영자들까지도 예외 없이 업종을 불문하고 넘기 힘든 관문이 있습니다. 바로 회계에 대한 고민입니다. 창업의 꿈을 실천에 옮기면서 회계에 대한 고민을 해보지 않은 사장님은 아마 매우 드물 것입니다. 회계를 전문적으로 담당할 직원을 둘 수 없는 형편이라면 말할 나위도 없겠고, 설사 담당 직원이 있거나 외부의 회계 전문 사무실에 업무를 일임했다 해도 회사를 이끌어가는 경영자의 입장이라면 누구나 회계에 대한 부담에서 자유로울 수 없을 것입니다.

아무리 작은 가게를 운영한다고 해도 수입과 지출이 발생하는 한 그것을 기록해야 합니다. 그래야 그 사업체가 보유한 자산과 부채의 수준, 사업의 성과를 알고 앞으로의 경영 방침을 세울 수가 있겠지요. 바로 이런 수입과 지출이라는 돈의 흐름을 기록할 때 꼭 필요한 것이 회계입니다. 이렇듯 회계 지식은 기업의 재무 업무를 담당하는 직원의 입장에서만 필요한 것이 아닙니다. 경영을 하는 입장에서도, 또 투자자의 입장에서도 기업의 재정 상태를 이해하기 위해서 회계는 꼭 알아야 합니다.

회계는 한마디로 말해 '거래를 기록하는 수단'입니다. 수백 년 전부터 거래를 기록할 때 사용하기로 약속한 수단입니다. 따라서 글로벌 경영을 실천하는 세계적인 대기업이나 아주 작은 1인 사업장이나 사용하는 회계의 원칙은 똑같습니다. 사업의 규모가 커지면 필요한 용어나 개념들이 늘어나기는 하겠지만 기본적인 원칙은 변하지 않습니다. 또 유럽이나 미국, 아프리카에서 쓰는 회계 원칙과 우리나라에서 쓰는 회계 원칙 역시 사소한 차이는 있을 수 있겠으나 그 근본은 똑같습니다. 모두 다 거래를 기록하고 그 결과를 확인하기 위해 '회계'라는 수단을 사용합니다.

회계에는 아주 중요한 다섯 가지 요소가 있습니다. 자산, 부채, 자본, 수익, 비용입니다. 모든 거래는 이 다섯 가지 요소를 벗어나지 못하며, 이 다섯 가지 요소 중 하나에 영향을 미치거나 몇 개 요소에 동시에 영향을 미칩니다. 이 다섯 가지 요소 중 자산, 부채, 자본은 재무상태표(대차대조표)를 구성하고 수익과 비용은 손익계산서를 구성합니다.

'일정 기간'의 경영 성과를 말해주는 손익계산서

뒤에서 자세히 설명하겠지만, 손익계산서는 일정 기간, 즉 어떤 시점에서 어떤 시점까지의 사업 실적을 나타내는 표입니다. 예를 들어 1월 1일부터 12월 31일까지의 1년 동안의 매출액, 매출에 대응되는 매출원가, 판매비와 일반관리비 등을 집계하여 영업이익을 산출하고 기타의 수익과 비용 그리고 납부할 세금 등을 가감하여 당기순이익을 산출하는 표입니다. 손익계산서에 당기순이익이 표시되면 1년 동안 장사를 하여 이익을 보았다는 것이고 당기순손실이 표시되면 그 기간 동안 손해를 보았다는 뜻입니다.

따라서 손익계산서는 '기간 개념'이 적용되는 표입니다. 극단적으로 예를 들면 같은 해 3월 17일부터 5월 23일까지의 손익계산서도 만들 수 있다는 뜻입니다.

'일정 시점'의 상태를 나타내는 재무상태표

재무상태표는 어느 시점에 그 사업체의 '상태'를 나타내는 표입니다. '기간'이 아니라 '시점'이 중요합니다. 예를 들면 '1월 1일부터 12월 31일까지'의 재무상태표는 존재하지 않습니다. 재무상태표는 201X년 12월 31일 '현재' 등 시점의 형태로 존재합니다.

재무상태표에는 '자산'이 한쪽 면을 차지하고 있고 '부채와 자본'이 다른 한쪽 면을 차지하고 있습니다. 그리고 어떤 사업이든 그 사업과 관련된 자산의 총액과 부채 및 자본의 총액은 같습니다. 이것은 회계의 가장 기본적인 약속이고 진리입니다. 자산이 100이면 부채와 자본의 합계도 100입니다. 부채와 자본의 구성 비율이 50대 50이건 40대 60이건 그 합계는 100이 되어야 합니다. 부채와 자본의 합계가 99이거나 101이라면 그 재무상태표에는 오류가 있는 것입니다.

어떤 사업의 부채와 자본은 그 사업의 자산이 어떻게 구성되어 있는가를 보여주는 것입니다. 어떤 사업의 자산 100 중에서 부채가 55, 자본이 45라면 자산 중 55는 다른 사람에게 빌려온 돈이고 나머지 45는 '내 돈'이라고 볼 수 있습니다. 이렇듯 부채와 자본은 '자산의 질'을 설명하는 도구입니다. 자산이 1조 원이면 아주 큰 회사라고 볼 수 있겠지만 그중 부채가 9,000억이고 자본이 1,000억 원이면 언제 쓰러질지 모르는 부실회사인 것이지요. 반면에 부채가 1,000억 원이고 자본이 9,000억 원이라면 아주 우량한 기업이라고 생각할 수 있습니다. 이렇듯 부채와 자본이 어떤 비율로 구성되어 있든 그 합계는 자산 총액과 정확히 일치합니다. 어떤 소설가는 이를 두고 '대차평균의 아름다움'이라는 표현을 쓴 적이 있습니다.

수익과 비용은 '자본'의 일부분

전문적으로 회계를 담당하는 직원들조차 이 사실을 무시하는 경우가 많습니다. 물론 무시하더라도 회계프로그램에서 알아서 처리해주니 실무에는 큰 지장이 없습니다. 그러나 알고 일을 하는 것과 모르고 일을 하는 것에는 큰 차이가 있습니다. 수익과 비용을 서로 제하면(상계하면) 그 결과로 어떤 숫자가 나오는데 그 숫자가 바로 당기순이익이나 당기순손실입니다. 수익에서 비용을 빼고 남은 수가 양수(+)이면 당기순이익이 되고 음수(-)이면 당기순손실이 됩니다. 그 당기순이익이나 손실은 재무상태표상의 '자본' 부분에 포함됩니다.

이러한 이유로 재무상태표는 회계의 최종 산출물이 되는 것이고 손익계산서는 엄밀히 말해 재무상태표의 한 부분을 설명하는 부속명세서에 불과합니다. 그러나 현실적으로 대부분의 사람들은 손익계산서상의 영업이익이나 당기순이익에 눈이 먼저 가게 됩니다. 일정 기간 동안의 영업이익이나 당기순이익에 더 관심이 가기 때문이죠.

또한 재무상태표, 손익계산서와 함께 기본 재무제표를 구성하는

재무상태표

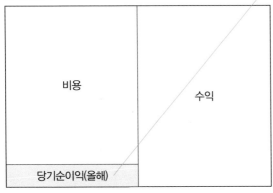

손익계산서

자본변동표나 현금흐름표도 재무상태표나 손익계산서에 포함되어 있는 각종 정보를 재구성한 명세서라고 생각하면 됩니다.

회계를 처리하는 기본 절차

회계를 처리하는 과정은 기업마다 조금씩 다르겠지만 그 기본 절차는 거의 동일합니다. 간단히 정리를 해보겠습니다. 용어가 다소 어렵고 복잡해 보이지만 간략하게 소개를 하려는 목적이므로 그냥 '이런 게 있구나' 하는 가벼운 마음으로 읽어보면 되겠습니다. 이해가 안 되거든 그냥 넘어가도 좋습니다.

1) **원시 증빙의 발생** : 거래를 하다 보면 거래명세서, 세금계산서, 각종 계약서, 송금영수증 등 갖가지 서류들이 발생합니다.

2) **전표의 작성** : 위 갖가지 원시 증빙을 토대로 회계 담당 직원이 '전표'를 작성합니다. 보통은 회계프로그램에 입력을 한 후 그 전표를 출력시켜 보관하거나, 전자적인 방법으로 보관합니다. 전표 작성은 회계의 시초이자 가장 중요한 일입니다. 전표는 '차변'과 '대변'의 두 부분으로 나뉘어져 있습니다. 차변과 대변 각각에 들어가는 계정과목과 금액을 결정하는 일이 회계의 가장 핵심적인 일입니다. 이러한 절차를 '분개'라고 합니다. 전표에 기록되는 금액의 차변 합계와 대변 합계는 항상 같아야 합니다. 즉 '분개'의 차변과 대변의 각 합계는 언제나 같습니다. 같

지 않다면 그 전표는 잘못된 것입니다. 그것은 수백 년 전부터 내려온 불변의 약속입니다. 이 일은 기계가 대신해줄 수 없는 일입니다. 반드시 사람의 판단을 거쳐야 하며 그 판단에 따라 재무제표가 달라집니다.

3) **전표의 합계** : 작성된 전표는 모두 모아서 계정과목별로 합산합니다. '계정과목'이란 자산, 부채, 자본, 수익, 비용 중 그 성질에 따라 어느 한 곳에 소속시키는 구체적인 분류를 말합니다. 예를 들어 현금, 외상매출금(매출채권), 재고자산, 유형자산, 외상매입금, 단기차입금 등등의 세목(계정과목)이 있을 수 있겠지요. 그 각 계정과목별로 차변과 대변 각각에 적힌 금액을 합산하는 것입니다. 그런 다음 그 합산된 차변 합계 금액과 대변 합계 금액의 차이를 구합니다. 이를 '잔액'이라 합니다. '잔액'도 각 계정과목별로 산출됩니다. 이렇게 계산한 '합계'와 '잔액'을 계정과목별로 나란히 배열하면 그것이 바로 '합계잔액시산표'입니다. 합계잔액시산표는 나중에 다시 설명하겠습니다.

4) **재무제표의 작성** : 합계잔액시산표가 만들어지면 그것을 바탕으로 각종 재무제표, 즉 재무상태표, 손익계산서, 자본변동표, 현금흐름표 등을 만들 수 있습니다. 재무제표와 관련된 내용도 뒤에서 별도의 장을 만들어 조금 더 자세하게 설명하도록 하겠습니다.

'회계'는 발생한 거래를 '일반적으로 인정된' 회계 원칙에 따라 '분개'의 과정을 거쳐 재무제표를 작성하는 일련의 과정을 말합니다. 그러나 경영의 효율과 효과를 높이기 위해서는 거래의 발생을 인위적으로 통제하고 조정하는 일도 필요합니다. 불필요한 자원의 낭비나 시간 소모, 거래처와의 소통에 소요되는 비용을 줄이고 자산을 적극적으로 확보하기 위해서는 단순히 회계만 잘 알아서는 안 됩니다. 회계는 거래를 표현하는 수단일 뿐, 경영의 효율을 높여주는 역할은 하지 못하기 때문입니다. 따라서 회계 관리가 필요합니다.

회계 관리란 회계와 관련된 일련의 정보를 획득하여 그 정보를 바탕으로 어떤 '행동'을 하는 것입니다. 그 행동의 목적은 경영의 효율과 효과를 높이는 것입니다. 예를 들어 거래처별로 외상매출금 잔액을 정확히 알 수 없다면 어떤 거래처에 수금을 독촉해야 하는지 알 수 없을 겁니다. 외상매출금 잔액이 부정확하다면 정작 받을 돈이 많은 거래처는 놔두고 받을 돈이 몇 푼 안 되는 거래처에만 독촉을 할 수도 있습니다. 자신이 가진 재고가 얼마인지 파악이 안 되면 어떤 재고를 더 사야 할지 결정할 수 없습니다. 또는 충분한 수량이 남아 있는 품목을 더 사들이는 실수를 범할 수도 있습니다. 실제로 이런 일은 많이 일어납니다. 이러한 자원 또는 시간의 낭비를 줄이기 위해 정확한 회계 정보를 산출하고 그 회계 정보를 바탕으로 기업의 가용 자원을 효율적으로 사용하는 것이 바로 회계 관리입니다.

이 책은 주로 중소 상공인들과 1인 창업자, 자영업자, 그리고 관리직 사원들이 반드시 알아두었으면 하는 '관리의 길목'을 설명하고 있습니다. 대기업과는 달리 소규모 기업에서는 관리 능력이 취약할 수밖에 없는 현실을 감안하여 그 현실에 최대한 도움이 될 수 있도록 쉽게 설명하려고 노력했습니다. 또한 회계에 관한 지식이 전혀 없더라도 어느 정도 '회계 관리'에 대한 감을 잡을 수 있도록 책을 구성했습니다. 다소 어려운 개념이 등장하더라도 전혀 당황할 필요가 없습니다. '그러려니……' 하는 마음으로 끝까지 읽다 보면 어느 사이 개념이 잡힐 것입니다. 그럼 창업을 결심하던 순간처럼 용기를 내서 한번 도전해봅시다!

1부

어디선가 돈이 새고 있다!

– 놓치기 쉬운 비용 관련 이야기

경영자가 재고금액 계산이 부풀려진 것을 모르고 의사결정을 한다면 어떻게 될까요? 진짜 이익이 났다고 착각하여 신이 난 경영자는 직원들에게 특별 상여금을 지급할 수도 있습니다. 또 제품의 경쟁력을 높이겠다고 제품 가격을 할인하여 판매를 할 수도 있습니다. 상황에 따라서는 회사의 심각한 경영악화를 몰고 올 수도 있는 결정들입니다. 이런 실수도 안타까운데 법인세까지 실제로 납부해야 할 금액보다 더 많이 내야 합니다.

반대로 재고자산이 실제보다 더 적은 금액으로 장부에 기록되면 실제보다 이익이 줄어들게 되고, 역시나 경영자는 사업과 관련된 결정에 착오를 일으킬 수 있습니다. 지금까지 잘 해오던 정책을 괜히 바꿀 수도 있고 의도하지 않게 세금을 적게 냄으로써 미래에 법인세를 추징당할 위험도 있습니다.

01

이익이 1억인데,
그 돈이 다 어디 갔을까?

Q 작년부터 동네에 학원을 개설해서 운영하고 있는 개인사업자
입니다. 학원 강사로만 여러 해 일했을 뿐 세무, 회계 쪽으로
는 아는 바가 거의 없다시피 합니다. 그래도 원장이 됐으니 얼마 전에
는 종합소득세도 신고하고 세무사 사무실에서 보내준 손익계산서, 재무
상태표 등도 확인하고 있습니다. 그런데 보내준 표에서 어느 부분을 봐
야 저희 학원의 순이익을 알 수 있을까요? 당기순이익을 보면 되나요?
당기순이익으로 표시되어 있는 금액은 제가 남았다고 생각하는 현금보
다 훨씬 많은 금액이라서 어떻게 해석해야 할지 잘 모르겠습니다.

A 물론 사업을 오래 해온 분들은 알겠지만 사업 경험이 짧아
손익계산서에 익숙하지 않은 분들은 다들 궁금해합니다.
'손익계산서에는 이익이 났는데 왜 내 수중에는 돈이 없을까? 그 돈
이 하늘로 솟았나, 땅으로 꺼졌나?' 하고 말입니다.

사실 그런 궁금증은 매우 합리적입니다. 이익이 났으면 그만큼의
현금도 남아야 합니다. 돈 벌려고 사업하는데 그 사업의 성과를 측

정해준다는 손익계산서상의 이익이 그대로 현금이 되어 내 주머니로 들어오지 않으면 그게 다 무슨 소용이 있겠습니까.

결론부터 이야기하자면 손익계산서상의 이익과 현금으로 내 수중에 남는 금액은 정확히 일치합니다. 단, 사업이 완전히 종료되는 시점에 그렇다는 말입니다. 사업을 시작한 시점과 사업을 접은 시점, 즉 가지고 있던 재고라든가 집기나 비품 등을 모두 처분한 시점에 손익계산서를 작성해보면 그 손익계산서상의 이익 금액이나 손실 금액이 그 시점에 가지고 있는 현금액이나 손해 본 금액과 정확히 일치할 것입니다.

그런데 현실은 어떨까요? 사무실 문을 닫으려고 내가 쓰던 책상을 팔아치울 때까지 일단 세무서가 기다려주지 않습니다. 원래 세금은 소득이 있어야 내는 것이지만 나라 살림은 1년 단위로 처리합니다. 그러다 보니 세금도 1년 단위로 내야 하고 소득도 1년 단위로 계산해야 합니다. 5년 후에 내가 사업이 망해서 길거리에 나앉더라도 지금 100억을 벌었으면 수십억의 세금을 나라에 납부해야 하는 겁니다. 사실 그게 또 타당합니다. 한 가정도 월급이 밀리면 금방 빚더미에 앉습니다. 하물며 나라의 살림이야 말할 나위가 없겠지요. 개인 사업자나 법인들이 문을 닫을 때까지 세금을 거두지 못한다면 나라를 무슨 돈으로 꾸려가겠습니까?

상황이 이렇다 보니 손익계산서의 금액과 내 수중의 돈이 달라집니다. 하지만 결국엔 '시간차'일 뿐입니다. 세금을 내기 위해, 혹은 기업의 1년간의 성과를 주주들에게 보여주기 위해 손익계산서를 1년 단위로 작성하다 보니 손익계산서상의 이익이 항상 현금이나 예금으로 남아 있지 못하고 여기저기에 흩어져 있게 되는 겁니다.

손익계산서상의 이익과 수중의 현금이 다른 이유

예를 들어보겠습니다. 제과업체로부터 건빵 한 박스를 떼다가 친구가 운영하는 슈퍼마켓에 납품을 했다고 가정해봅시다. 건빵 한 박스를 1만 원에 떼다가 친구한테 2만 원에 팔았으면 거의 모든 사람들이 암산으로도 손익계산서를 작성할 수 있을 것입니다. 당기순이익은? 그렇습니다, 1만 원입니다.

그렇다면 팔아서 남은 이익인 1만 원이 내 수중에 있을까요? 내 수중에 돈이 있으려면 친구가 건빵 값을 내게 지불해야 합니다. 즉 건빵을 판 이익금은 1만 원이지만 그 돈은 친구가 줘야만 내 수중으로 들어오는 것입니다. 그런데 친구가 돈을 차일피일 미루며 주지 않는다면 어떻게 될까요? 당기순이익은 1만 원이지만 내 수중에는 돈이 없습니다. 더구나 건빵을 사려고 아내한테 1만 원을 빌렸다면 돈은커녕 빚 1만 원만 남을 것입니다.

이런 상황을 표로 간단히 만들어볼까요? 자기 돈 1만 원을 들여 사업을 시작한 경우에 작성할 수 있는 표는 아마 다음과 같은 모양일 것입니다.

	친구한테서 받은 돈		
	2만 원	1만 원	없음
〈손익계산서〉			
매출	20,000	20,000	20,000
매출원가	10,000	10,000	10,000
당기순이익	10,000	10,000	10,000
〈재무상태표〉			
자산:			
현금	20,000	10,000	–
매출채권	–	10,000	20,000
자산 합계	20,000	20,000	20,000
부채와 자본:			
부채	–	–	–
자본금	10,000	10,000	10,000
이익잉여금	10,000	10,000	10,000
부채와 자본 합계	20,000	20,000	20,000

　뭔가 전문적인 용어가 등장하는 것이 복잡해 보이지만 사실 내용은 아주 간단합니다. 이 손익계산서에서 당기순이익은 똑같이 1만 원입니다. 하지만 친구로부터 돈을 얼마 받았느냐에 따라 재무상태표(예전에는 이런 표를 '대차대조표'라고 불렀지만 '재무상태표'라고 부르기로 회계기준을 바꾸었습니다)상의 현금이 달라집니다. 판매대금, 즉 친구한테 판 건빵의 값을 받지 못할 경우 받아야 할 금액을 '매출채권'이라고 부릅니다. 당연히 내 수중에 들어왔어야 하는 현금의 자리를 매출채권이 메우게 되는 겁니다.

현금으로 회수해야 내 것!

친구가 연말이 지나도 돈을 주지 않고 끝까지 버티면 더 난감한 일이 생깁니다. 나라에서는 내가 친구에게 돈을 받았건 못 받았건 상관없이 세금을 내라고 독촉을 합니다. 매출이나 당기순이익만 볼 뿐 내 수중에 있는 현금은 상관이 없습니다. 돈은커녕 빚만 있는 사람에게 세금을 내라고 압박하는 상황이 되는 것이지요. 정말 비극적인 상황이겠지요?

어쨌든 이런 이유에서 1년 단위의 손익계산서상의 이익과 지니고 있는 현금의 액수는 다를 수밖에 없습니다. 위에서는 판매대금을 받지 못한 경우를 예로 들었지만 사실 손익계산서상의 당기순이익과 현금의 차이를 유발하는 원인은 무수히 많습니다. 원자재를 많이 들였다거나 비싼 장비를 구매해서 혹은 금융기관에서 대출을 많이 받아서일 수도 있습니다.

예전에 자문을 해주던 사업체의 사장님을 만났던 얘기를 해보겠습니다. 그날따라 유난히 그 분의 표정이 밝았습니다. 궁금해서 무슨 좋은 일이 있냐고 물었지요. 사장님이 회계사를 보고 밝은 표정을 지으니 당연히 매출이 엄청나게 늘어난 게 아닌가 싶었지만 사장님의 대답은 뜻밖이었습니다. 은행대출이 성사되어 회사 자금 사정이 좋다는 것이었습니다. 그 사장님의 경우 몇 년 후에는 반드시 갚아야 하는 새로운 의무(부채)를 떠안게 되었는데도 현금을 보유한 시점에는 마음이 가볍고 흥이 났던 것입니다. 안타깝게도 훗날 그 사장님의 사업체는 결국 문을 닫았습니다. 하지만 그날 그 사장님의 기분처럼 현금 흐름의 '시간차'가 사업가의 심리에 미치는 영향은 이렇듯 실로 지대한 것입니다.

사업이 종료되는 시점까지 모든 사업 관련 자산을 처분하고 관련 채무를 다 갚고 나서 보면 남는 돈, 혹은 남아 있는 채무는 사업 시작부터 끝까지를 하나의 기간으로 작성한 손익계산서상의 이익 또는 손실 금액과 정확히 일치합니다.

이런 '시간차' 때문에 생기는 많은 문제들을 해결하기 위해서는 회계나 세무적인 관리 노력이 필수적입니다. 설사 회계를 잘 모르더라도 요점만 잊지 않으면 됩니다. 요점은 현금입니다. 모든 것은 현금에 달려 있다고 해도 과언이 아닙니다. 재무제표상으로 많은 이익을 내는 회사라도 현금관리를 제대로 하지 못하여 '흑자도산'에 이르는 경우가 적지 않습니다. 내 수중에 없는 것은 내 것이 아닙니다. '내 손에 없는 이익, 즉 현금으로 회수되지 않은 이익은 내 것이 아니다' 라는 생각을 항상 머릿속에 심어놓아야 할 것입니다.

02
매출은 일어났는데
수금이 안 된다?

Q 몇 년째 사업을 하고 있습니다. 다행히 최근 들어 매출이 크게 늘고 거래처 수도 많이 증가했습니다. 그런데 거래처 수가 늘다 보니 거래처별로 받아야 할 돈이 얼마나 되는지 헷갈릴 때가 많습니다. 수금도 늦어지고 있고요. 구입한 회계프로그램에 매출 관련 사항을 열심히 입력하기는 하는데요, 구체적으로 어떤 관리 절차가 필요할까요?

A 물건을 팔거나 서비스를 제공하고도 그 대금을 받지 못하는 것처럼 사업에 치명적인 일은 없을 것입니다. 현금 장사가 아닌 한 대부분의 사업자들은 판매대금(회계용어로 '매출채권'이라고 합니다)을 어떻게 받아내고 어떻게 관리하느냐에 촉각을 곤두세웁니다. 매출채권이 부실화되어 흑자도산을 하는 회사가 없지 않은 것이 현실이니까요. 실제로 과거 IMF 경제위기 시절 거래처 어음이 부도가 나서 동반 부도를 맞은 사업자들이 한둘이 아니었습니다. 다들 기억하실 것입니다.

매출채권을 받지 못하면 판매한 제품이나 상품의 원가도 회수하지 못합니다. 예를 들어 매출액 대비 당기순이익률, 즉 매출 1,000원당 남는 순이익 비율이 10%라면 당기순이익은 100원입니다. 그런데 거래처로부터 판매대금 5만 원을 받지 못한다면 그 5만 원을 보충하기 위해 추가로 50만 원의 매출을 일으켜야 합니다. 이익률이 5%라면 떼인 금액의 20배를 추가로 판매해야 그 금액을 보충할 수 있습니다. 그만큼 회수하지 못한 매출채권의 피해는 막심합니다.

　가령 책상 1개의 판매대금 10만 원을 떼였고 그 10만 원 중 모든 원가를 제한 이익 부분이 10%라면 이익금이 1만 원이 됩니다. 받지 못한 10만 원을 보충하기 위해서는 책상 10개를 추가로 팔아야 한다는 결론이 나옵니다. 이익률이 판매대금의 5%라면 한 개당 5,000원의 이익금이 산출되므로 책상 20개를 추가로 팔아야 10만 원의 손실이 보충됩니다.

　이렇듯 매출채권을 열심히 회수하는 일은 매우 중요합니다. 그리고 그러자면 매출채권의 철저한 관리가 뒷받침되어야 합니다. 실제로 거래처별로 매출채권이 정확하지 않아 어느 거래처에서 정확히 얼마를 받아야 매출채권이 모두 회수되는지 모르는 경우가 비일비재합니다. 특히 판매처가 많고 판매 횟수가 빈번한 경우 관리에 어려움이 많겠지요. 자, 그럼 어떻게 해야 매출채권의 관리가 좀 더 수월해질까요? 특히 주의 깊게 살펴야 하는 것들로는 어떤 것들이 있을까요?

매출채권 총계와
거래처별 원장의 합계가 일치하는가?

보통의 경우 매출이 발생하면 세금계산서를 발행하면서 대변에 그 매출액을 기록합니다. 그리고 '아직 받지 못한 판매대금'이라는 뜻에서 동일한 금액을 차변의 외상매출금 또는 매출채권 계정에 적어 넣습니다. 물론 부가가치세를 내야 한다면 그 금액도 합산하여 기록해야겠지요.

차변	대변
매출채권 1,100,000	매출 1,000,000 예수부가세 100,000

참고로 위 표의 대변에 적힌 예수부가세라는 것은 거래처로부터 받아서 세무서에 납부해야 하는 부가가치세, 즉 일종의 세금 부채입니다. 예를 들어 100만 원짜리 물건을 팔았다면 세법에 따른 부가가치세율 10%를 적용하여 10만 원을 거래처로부터 더 받아서 세무서에 납부해야 합니다. 물건을 파는 사람이 거래처가 내야 하는 세금을 대신 받아서 납부해주는 제도이지요.

당연한 이야기이겠지만 매출채권을 장부에 기록할 때는 어느 거래처인지 반드시 구분해야 합니다. 과거 수작업으로 장부를 기록할 때는 두꺼운 공책에 거래처별로 견출지를 붙여 각각의 매출채권 발생 금액과 회수금액을 기록하여 관리했지요. 요즘은 회계프로그램으로 똑같은 일을 할 수 있습니다. 다만 견출지 대신 '거래처 코드'를 부여하여 관리하다 보니 좀 복잡해 보일 뿐이죠. 누차 강조하지만 아무리 큰 기업도 관리 원칙에서는 조그만 소규모 자영업과 별반 다르지 않습니다.

법인기업이든 작은 개인기업이든 판매를 한 후 즉시 판매대금을 현금으로 수령하지 않는 한 '채권'이 발생합니다. 이를 '매출채권'이라고 부르며, 재무상태표에서는 '자산'에 해당됩니다. 일상생활에서 쓰는 미수금이라는 용어와 비슷한 뜻입니다. 그런데 재무상태표에는 어느 시점에 받을 수 있는 매출채권 총액만 기록될 뿐, 그 매출채권 금액을 누구에게 받아야 할 것인지는 적혀 있지 않습니다. 그것은 '거래처별 원장'이라는 장부를 보아야 알 수 있습니다. 거래처 코드만 입력하면 자동으로 거래처별로 발생한 채권금액, 그중에서 이미 받은 채권금액과 아직 받지 못한 채권금액 등을 모두 알 수 있는 프로그램이지요.

그러므로 이 거래처 코드를 반드시 입력해야 합니다. 만일 매출채권 전표를 입력하면서 실수로 거래처 코드를 입력하지 않으면 재무상태표에는 그 금액이 매출채권으로 반영되겠지만 각 거래처별 매출채권에는 반영되지 않습니다. 즉 받을 판매 대금 총액에는 포함되지만 그 금액을 누구한테 받아야 할지는 알 수 없는 상황이 발생하는 것이지요. 그래서 각 거래처별 매출채권 잔액을 합계한 금액이 재무상태표의 매출채권 잔액과 일치하지 않는 경우가 발생하는 겁니다.

예를 들어 경리직원이 매출전표를 입력하면서 한 거래처(거래처 C)에 대한 판매금액 100만 원에 대해 거래처 코드를 입력하지 않았다고 칩시다. 이 경우 어떤 일이 일어날 수 있을까요?

재무상태표

자산 :

:	xx,xxx,xxx
:	x,xxx,xxx
매출채권	43,000,000 (a)
:	xx,xxx,xxx

매출채권 거래처별 원장

A	10,000,000
B	2,000,000
C	5,000,000
D	21,000,000
E	4,000,000
합계	42,000,000 (b)

위의 재무상태표에서 매출채권 합계 a는 4,300만 원인데 매출채권 거래처별 원장의 합계 b는 4,200만 원 입니다. a와 b가 무려 100만 원이나 차이가 납니다. 거래처별 원장만 보아서는 어디서 차이가 나는지 알 수가 없습니다. 500만 원으로 적힌 거래처 C의 매출채권 잔액이 실제로는 600만 원이라는 것을 어떻게 알겠습니까? 그렇다고 100만 원을 그냥 포기할 수도 없는 노릇입니다. 그러니 일일이 어느 건에서 거래처 코드가 입력되지 않았는지 조사를 해서 거래처 코드가 없는 전표를 찾아내야 합니다.

반대의 경우도 있을 수 있습니다. 거래처에서 판매대금을 받았는데 매출채권을 줄이면서 거래처 코드를 입력하지 않으면 이번에는 재무상태표의 금액보다 거래처별 매출채권 금액의 합계가 더 많아지 겠지요. 역시나 어디서 돈을 받았는지 일일이 대조하며 찾아야 합니 다. 혹은 이미 돈을 받아놓고 거래처에게 또 돈을 달라고 해서 서로 얼굴을 붉히는 사태가 일어날 수도 있을 것이고요.

물론 요즈음의 회계프로그램에는 대부분 거래처 코드를 입력하지 않으면 전표 자체가 완성되지 않도록 하는 기능이 첨부되어 있습니 다. 따라서 이 기능을 활용하면 실수를 줄일 수 있을 것입니다. 재무 상태표상의 매출채권 금액과 거래처별 매출채권 금액이 맞지 않는 경우가 줄어들겠지요.

그럼에도 원칙은 잊지 말아야 합니다. 재무상태표상의 금액이 거 래처별 금액의 합계와 반드시 일치해야 한다는 '개념'을 반드시 알고 있어야 합니다. 그리고 한 달에 한 번 정도는 대표이사가 재무상태표 상의 매출채권 금액과 거래처 원장의 거래처별 매출채권 금액의 합 계가 일치하는지 반드시 확인해보는 것이 좋습니다. 특히 거래처 코 드 없이도 매출채권에 관한 전표가 입력 가능하게 되어 있다면 재무 상태표와 거래처원장의 일치 여부를 반드시 확인해야 할 것입니다.

거래처 이름에 유의하라

재무상태표에 매출채권도 입력하고 거래처별 코드도 열심히 입력 을 했는데 실수로 거래처를 헷갈리는 경우도 있을 수 있습니다. 거래 처가 너무 많아서 거래처 A와 거래처 B를 바꿔 입력할 수도 있고 이 름이 비슷한 '가나다 상사'와 '가다라 상사'를 헷갈려 '가나다 상사'에 매출한 것을 '가다라 상사'에 기록할 수도 있겠지요. 전자세금계산서가 도입된 이후 회계프로그램에서 거래처를 별도로 입력할 필요가 없게 되었지만 여전히 이런 오류는 많이 발생하고 있습니다. 특히 외부의 세무회계사무실에 회계처리를 맡기는 경우 자료 전달이나 의사소통 문제, 입력하는 직원의 부주의 등으로 실수가 자주 발생합니다.

어쨌든 이렇게 거래처 A와 거래처 B가 헷갈린 경우 거래처 B에 잘못 기록된 거래처 A의 매출채권은 계속 회수되지 못할 것입니다. 거래처 A는 달라는 말을 하지 않으니 돈을 안 줄 것이고 거래처 B는 물건을 받은 적이 없으니 당연히 돈을 안 줄 것입니다. 특히 거래처 B와의 거래가 규모도 크고 횟수도 빈번하다면 거래처 B에 대한 매출채권 규모도 상당히 클 것이고, 거기에 잘못 섞인 거래처 A의 매출채권은 거래처 B의 매출채권 금액에 얹힌 상태로 몇 년이 지날 수도 있을 겁니다. 그리고 그렇게 어영부영하다가 결국 거래처 A로부터 그 매출채권을 회수하지 못하는 상황이 벌어질 수도 있습니다. 따라서 주요 거래처에 대해서는 일 년에 한 번 정도 매출채권 잔액을 서로 확인해보는 것이 바람직합니다.

종이세금계산서는 물론이고 전자세금계산서를 발행하는 경우에도 매출에 대한 회계처리가 자동으로 되는 것은 아닙니다. 담당자가 매출과 매출채권에 대한 분개를 해야 비로소 매출채권 금액이 증가합니다. 따라서 매출을 하고 나서 담당자가 회계처리를 하지 않고 상당시간을 지체하고 있으면 나중에 매출채권을 회수하고 싶어도 금액을 몰라 회수하지 못합니다.

더 심한 경우 상대 거래처가 자금부족으로 법정관리신청을 하는

바람에 자신이 가진 채권을 법원에 신고해야 하는데, 회계처리 미숙
이나 지연으로 실제 가진 채권보다 적게 신청을 할 수밖에 없는 사태
가 발생할 수도 있습니다.

움직이지 않는 것은 위험하다!

다음과 같은 매출채권 거래처 원장이 있다고 가정합시다.

매출채권 거래처 원장

(201X년 1월 1일부터 201X년 3월 31일까지)

거래처	기초금액	증가	감소	기말금액
A	1,000,000	2,000,000	2,100,000	900,000
B	1,500,000	1,800,000	1,700,000	1,600,000
C	400,000	–	–	400,000
D	1,800,000	200,000	1,500,000	500,000
E	800,000	2,000,000	1,700,000	1,100,000
F	2,700,000	100,000	300,000	2,500,000
G	900,000	500,000	–	1,400,000
	9,100,000	6,600,000	7,300,000	8,400,000

이 표는 3개월 동안 거래처별로 매출이 발생하고 수금이 이루어지
는 상황을 보여주는 가상의 표입니다. 편의상 매출채권에 포함된 부
가가치세는 고려하지 않겠습니다.

우선 거래처 A는 전기에서 이월된 매출채권이 100만 원이었는데
3개월간 매출을 200만 원 올리고 수금을 210만 원 하여 3월 말 현재

90만 원의 매출채권이 남아 있습니다. 정상적인 모습입니다. 거래처 B와 거래처 E도 비슷하게 정상적인 모습을 보이고 있습니다.

그런데 거래처 C는 전기에서 이월된 40만 원이 3월 말에도 그대로 남아 있습니다. 매출 실적도 없고 회수 실적도 없습니다. 이것은 무슨 의미일까요? 그전까지는 정상적인 거래 행태를 보이다가 갑자기 신규 매출도 없고 매출채권 잔액의 변동도 없다는 것은 금액의 크기와 관계없이 그 거래처와의 관계에 경고등이 켜졌다는 것으로 볼 수 있습니다. 우리 회사의 제품이나 태도에 불만이 있어 더 이상의 구매를 꺼리고 채권 결제에도 신경을 쓰지 않는 것일 수 있습니다. 더 나아가 아예 우리의 경쟁사로 거래처를 바꾸어버렸을 수도 있습니다. 아니면 거래처 C가 자체적으로 상황이 어려워져 문을 닫았을 수도 있습니다. 그러므로 경영자는 그 이유를 알아보는 데 노력을 기울여야 합니다. 우리 회사에 불만이 있는 경우라면 적극 나서서 개선책을 찾아야 할 것입니다. 만약 거래처 C 자체의 경영이 악화된 경우라면 더 힘들어지기 전에 채권을 회수하는 데 총력을 기울여야겠지요. 위의 예처럼 금액이 몇십만 원 정도라면 피해가 미미하겠지만, 우리 회사의 사업규모에 비해 거액의 매출채권이 그 거래처에 가 있는 경우라면 정말 큰일이 날지도 모르니까요.

거래처 D는 매출의 발생액에 비해 많은 금액이 회수되었습니다. 이런 경우 많은 매출채권이 회수된 것은 좋은 일이나 혹시 회수된 금액만 적고 매출액은 빠뜨린 것이 아닌지 다시 한번 확인해볼 필요가 있습니다.

거래처 F는 매출채권의 크기에 비해 상대적으로 매출액이 미미합니다. 현재의 매출채권 중 상당액이 묶여 있는 것이지요. 거래처와 채권금액 자체에 문제가 있는 것인지 아니면 거래처가 고의로 지급을 미루고 있는지 그 사유를 알아야 대처가 가능하겠습니다.

거래처 G도 매출만 발생시키고 돈은 한 푼도 갚지 않았네요.

이렇듯 매출채권의 거래처별 원장만 잘 들여다보아도 어느 거래처에 문제가 있는지 빠른 시간 안에 파악할 수 있습니다. 막연히 기억에만 의지하거나 영업관리 담당 직원의 말만 들을 것이 아니라 직접 장부를 들여다보며 생각한다면 훨씬 더 효율적이고 짜임새 있는 매출채권 관리를 할 수 있을 것입니다.

03

받아야 할 돈은 못 받고
줄 돈은 두 번 주고……

Q 얼마 전에 거래처에서 돈이 두 번 입금된 것 같으니 한번 확인해보라는 전화를 받았습니다. 몇 달 전에는 경리직원이 엉뚱한 거래처에 돈을 송금하여 속을 썩이더니 또 이런 실수를 하는군요. 이런 실수들을 미연에 막을 방법은 없을까요?

A 드문 일이지만 사업도 사람이 하는 일이라 실수로 거래처에 돈을 두 번 지급하는 경우가 발생합니다. 또 정작 돈을 부쳐야 하는 거래처는 따로 두고 엉뚱한 곳에 송금을 하는 경우도 있고, 실수로 아예 송금을 안 해서 거래처에 독촉을 당하는 경우도 있지요.

모두가 의사소통이 원활하지 않거나 관리가 부실하여 일어나는 일입니다. 세금계산서나 기타 증빙 관리가 허술해서 발생할 수 있는 일이기도 하고요. 또 보통은 기존의 거래처와의 거래에서보다는 신규 거래에서 혹은 특별한 일 때문에 구매를 했을 경우 이런 일이 일어날 확률이 높습니다.

물론 결산 때 대부분 밝혀지고 또 금액도 소액인 경우가 대부분이지만, 어쨌든 기분이 좋은 일은 아닙니다. 이런 실수를 예방하는 방법은 오직 철저한 관리밖에 없습니다. 특히 유의해야 할 몇 가지 경우를 살펴봅시다.

선급금 관리가 중요하다

거래를 해보지 않았던 회사에 물건을 주문하거나 용역을 발주했을 때 상대편 회사는 걱정을 하게 됩니다. 물건만 주고, 혹은 일만 뼈빠지게 해주고 돈을 못 받을 수도 있으니까요. 그래서 보통은 일을 시작하거나 물건을 건네주기 전에 착수금이나 계약금을 요청합니다. 그 요청을 받아들여 계약금을 지급할 때 보통 계약금에 대해 세금계산서를 먼저 발행해주는 경우도 있고, 일을 다 끝낸 후에 잔액을 받아 한꺼번에 발행해주기도 합니다. 그리고 물건을 주문한 회사, 즉 발주회사에서 계약금을 지급하면 보통 그 돈은 '선급금'으로 처리하고 나중에 구매가 완료되는 시점에 주문의 성격에 따라 회계처리를 하게 됩니다.

그런데 계약금에 대해 세금계산서를 받지 못하면 구매가 완료되었을 때 계약한 전체 금액에 대해서 세금계산서를 발행받을 것입니다. 예를 들어 1,000만 원짜리 물건을 주문하면서 계약금으로 300만 원을 지불했습니다. 그런데 당시에 그 돈에 대한 세금계산서를 받지 못했다면 나중에 잔금 700만 원을 받은 후에 전체 금액 1,000만 원에 대한 세금계산서를 받게 될 것이라는 소리지요. 그런데 300만 원은 선급금으로 이미 처리가 된 상태에서 1,000만 원짜리 세금계산서를 그대로 회계처리한다면 계약금을 두 번 회계처리하는 셈이 될 것입니다. 그러니 계약금을 주었다는 사실, 계약금을 이미 처리했다는 사실을 반드시 기억하고 있어야겠지요.

하지만 작은 구멍가게 수준의 회사라면 또 모를까, 과연 회계처리를 하는 직원이 계약금을 주었는지 주지 않았는지 다 기억할 수 있을까요? 직원은 물론 팀장까지 그 사실을 기억하지 못하면 십중팔구 전체 금액을 그대로 처리하여 계약금을 두 번 주는 상황이 벌어질 수 있습니다.

그러니 매월 혹은 분기별로 결산을 하지 않는 회사는 연말 결산에 가서야 겨우 '선급금' 계정을 살펴보다가 오류를 발견할 것입니다. 하지만 그것도 그나마 결산을 정확히 하려는 노력을 기울이는 회사인 경우입니다. 이런저런 사정으로 결산을 정확히 할 수 없는 회사는 그 사실 자체를 모르고 지나가지 않을까요?

자금을 집행하는 경리부서는 모든 세금계산서에 대해 회계처리를 최대한 신속히 하고 각종 대금 결제일에는 관련 계정과목, 즉 선급금 계정 매입채무 또는 미지급금 계정 등의 거래처별 장부를 출력하여 늘 검토하는 버릇이 반드시 필요합니다.

거래처 입력, 재차 확인하라

거래처를 착각하여 돈을 잘못 부칠 수도 있습니다. 이름이 비슷하여 예를 들면 A실업과 A산업을 헷갈려서 'A실업'에 줄 매입채무(혹은 미지급금, 이하 미지급 채무라 함)를 'A산업' 미지급 채무로 기록한 후 그 대금을 지급하는 것이지요. 당연히 'A실업'에서는 왜 대금 지급을 하지 않느냐고 독촉을 해댈 것입니다. 아차! 이거 큰일 났습니다. 'A산업'에게 잘못 지급된 대금을 돌려달라고 요청해야겠지요. 'A산업'이 상시 거래가 있는 거래처라면 앞으로 있을 거래 대금과 상계를 하면 그만일 것이지만 특별한 일이 있어서 한 번 거래를 했고 앞으로는 거래할 일이 별로 없는 곳이라면 난감한 일이 생길 수 있습니다. 모든 거래처가 바다와 같은 넓은 마음으로 상대의 실수를 이해하고 처리해주지는 않습니다. 애를 먹이면서 돈을 안 주면 참 골치가 아프겠지요. 자주 있는 일은 아니지만 일어나면 상당히 골치가 아픈 일이므로 평소 주의를 기울여야 합니다.

전자세금계산서의 경우 국세청 e세로에서 항상 조회가 가능하며 그 국세청 자료를 다운받아 회계처리를 할 수도 있습니다. 따라서 전자세금계산서를 교부받은 경우 오류의 확률은 상당히 낮아집니다. 하지만 부가가치세를 신고할 때만이라도 국세청의 자료와 회사에 입력된 자료를 꼭 비교해보는 절차가 필요합니다. 특히 개인사업자의 경우는 여전히 종이 세금계산서를 발행하는 곳이 많으므로 거래처별 미지급 채무 관련 명세서를 수시로 검토해야 합니다. 거래처별로 총액만 확인해보아도 대부분의 오류는 미연에 방지할 수 있습니다.

한편, 거래처에서 발행한 세금계산서를 제대로 회계처리하고 청구하기를 기다렸는데 청구서가 오지도 않고 대금을 지급해달라는 전화도 없으며 수금하는 사람도 오지 않는 경우마저 있습니다. 보통 회사들은 어떻게 반응할까요? 자금 사정이 정말로 좋아서 미지급 채무를 매달 날짜를 정해서 일괄적으로 지급해주는, 우량하고 신사적인 회사라면 또 몰라도 먼저 나서서 자발적으로 그 대금을 지급할 확률은 거의 없다고 보는 게 옳습니다. 실제로 중소기업의 미지급 채무 관련 장부에서 몇 년간 사라지지 않고 잔액 변동도 없이 그대로 남아 있는 미지급 채무를 본 적이 있습니다. 돈을 받을 회사에서 아무런 연락이 없으니 굳이 나서서 돈을 주려고 하지 않는 것입니다. 이 경우 아마 돈을 받을 회사는 받을 돈이 있다는 사실을 까마득히 모를 것입니다. 관리부실이 초래한, 정말로 한심한 경우이지요.

물론 대부분은 소액이고 아주 작은 규모의 회사에서 가끔 일어나는 일입니다만, 힘들게 물건을 주고, 혹은 일을 해주고 정당하게 받아야 할 돈도 제대로 챙기지 못하는 일은 단연코 없어야 하겠습니다.

이렇듯 줄 돈을 두 번 주거나 엉뚱한 곳에 지급하고 받을 돈은 제대로 받지 못하는 일이 비일비재하게 발생할 수 있습니다. 실수는 사람이 하는 것이지만 항상 실수를 유발하는 잘못된 시스템이 그 뒤에 함께한다는 사실을 유념해야 합니다. 모든 관리는 기록으로부터 시작되고 그 기록의 결과물이 장부이며 장부를 잘 유지하는 한 실수는 그만큼 줄어들 것입니다.

04
미수금은 왜 줄지 않을까?

Q 거래처로부터 받을 미수금(매출채권)이 도대체 줄어들지 않습니다. 어떤 거래처는 대략 자기들이 매달 구매하는 금액의 3~4배를 남겨두기도 하고 어떤 거래처는 구매하는 달의 그다음 달에 꼬박꼬박 지급해주기도 합니다. 거래처가 많다 보니 잔액 관리를 열심히 하기는 하는데 뭔가 확실하게 맥이 잡히질 않습니다. 거래처에 수금을 독촉할 수 있는 어떤 기준이 있지는 않을까요?

A 경영자가 거래처별로 회수할 금액은 물론이고 매출금액의 발생 시점까지 훤히 다 꿰고 있다면 이렇게 장부를 만들고 숫자를 기입하면서 수선을 피울 이유가 없겠지요. 하지만 경영자도 사람인지라 기억력에 한계가 있습니다. 경영을 한다고 해서 그 많은 거래처 관련 자료를 어떻게 다 머릿속에 집어넣고 다닐 수 있겠습니까? 그러니 회사의 경영에 필요한 여러 가지 결정을 내리자면 그것을 뒷받침해줄 장부나 기록이 필요할 수밖에 없습니다. 나아가 그 기록이 이해하기 쉽도록 정리가 잘되어 있다면 더할 나위가 없겠지요.

매출채권의 경우도 그 건전성을 일목요연하게 파악하려면 앞에서 말한 거래처별 원장 외에 발생기간별로 채권금액을 파악할 수 있는 연령분석표가 필요합니다.

연령분석표를 파악해야 하는 이유

연령분석표는 어떤 거래처의 매출채권 금액이 각각 언제 발생된 매출채권으로 이루어진 것인지 알려주는 표입니다. 또한 결과적으로 회사의 전체 매출채권이 언제 발생된 것인지 기간별로 알려주는 표입니다. 회사에 따라 여러 가지 형식이 있겠지만 기본적으로는 아래와 같은 내용을 담고 있습니다.

매출채권 연령분석표

(201X년 12월 31일 현재)

거래처	금액	1개월 미만	1개월~3개월	3개월~6개월	6개월~1년	1년 이상
A	5,000,000	2,000,000	2,000,000	1,000,000	−	−
B	7,000,000	4,000,000	2,000,000	1,000,000	−	−
C	2,000,000	−	−	1,500,000	500,000	−
D	12,000,000	−	−	−	−	12,000,000
E	4,600,000	1,000,000	1,000,000	1,000,000	1,000,000	600,000
F	8,000,000	8,000,000	−	−	−	−
합계	38,600,000	15,000,000	5,000,000	4,500,000	1,500,000	12,600,000

위의 표는 어느 시점 현재 각 거래처별 매출채권이 발생되어 경과

한 기간을 나타내고 있습니다. 예를 들어 거래처 A의 경우 201X년 12월 31일 현재 500만 원의 매출채권을 가지고 있으며, 그중 200만 원은 12월 중에 발생된 것이고 200만 원은 10월과 11월에 발생된 매출채권입니다. 나머지는 7월에서 9월 사이에 발생된 것이군요.

당연한 말 같지만 이 표의 기본 전제는 판매대금을 회수할 때는 먼저 판매된 물품의 대금부터 순서대로 회수한다는 가정입니다. 거래처 A를 예로 들어봅시다. 위의 표에서 거래처 A에는 201X년 1년 동안 2,000만 원의 매출을 올렸다고 가정했을 때 12월 말에 500만 원의 매출채권이 남았다면 그 전에 판매한 물품의 채권은 모두 회수했고, 이 표에 기록된 잔액은 가장 가까운 시점에 판매된 채권인 것입니다.

자, 그럼 이 회사의 매출채권 현황을 한번 들여다볼까요? 회사의 총 매출채권은 3,860만 원입니다. 그런데 1년 이상 경과된 채권이 1,260만 원으로 전체 금액의 33% 수준에 육박하고 있습니다. 회사 매출채권의 3분의 1 이상이 1년 이상 경과된 것이라니, 상당히 바람직하지 않은 상태로 보입니다. 누군가 돈을 준다, 준다 하면서도 안 주고 버티고 있거나 돈을 주고 싶어도 줄 수 없는 경제적 상황에 빠져 있는 것 같다는 생각이 듭니다. 아니면 회사의 관리 부실로 이미 받은 돈을 제대로 회계처리하지 못해 그대로 채권이 살아 있는 경우도 있겠지요. 마지막 경우가 더 나쁜 상황입니다. 자기 회사의 매출채권이 얼마인지조차 알지 못하는 상황처럼 위험한 경우는 없을 테니까요.

A, B는 정상적으로 잘 회수되고 있는 거래처입니다. 거래처 C는

최근의 매출은 없고 3개월에서 6개월 사이의 채권이 150만 원, 1년은 안 되었지만 발생한 지 6개월이 넘은 채권이 50만 원 있습니다. 거래처 C의 사정이 좋지 않은가 봅니다. 아니면 거래에 무슨 문제가 있는지도 모릅니다.

거래처 D는 최악의 경우이군요. 상대적으로 거액의 채권이 1년 이상 회수되지 않고 있습니다. 거래처 D가 도산하지 않았다면 적극적으로 회수 노력을 기울여야겠습니다.

거래처 E는 판매대금을 아주 천천히 결제해주고 있습니다. 결제를 꾸준히 해주는 것만으로도 다행이라고 생각하면 몰라도 다른 거래처에 비해 회수 기간이 너무 오래 걸리는 것은 문제입니다.

거래처 F는 신규 거래처입니다. 새로이 판매가 이루어져 발생된 채권이 모두 1개월 이하인 채권입니다. 앞으로 돈독한 관계를 유지하며 신뢰를 쌓아가야겠습니다.

어떻습니까? 뭔가 시각적으로 한눈에 확 들어온다는 느낌이 들지 않습니까? 막연히 받을 돈이 있으니 독촉을 해야겠다는 정도의 느낌으로는 불충분합니다. 얼마의 금액을 언제 왜 받아야 하는지 명확히 알고 있어야 철저한 관리가 가능해집니다.

그럼 연령 분석표는 어떻게 작성할까요? 아주 간단합니다. 매출채권 거래처별 원장에서 월별 발생 합계를 현재의 잔액까지 계속해서 더하기만 하면 됩니다.

앞에서 설명했듯 판매대금을 회수할 때는 먼저 판매된 부분부터 회수되는 것으로 가정합니다. 다음 표에서 보면 거래처 A의 경우 8월 매출 부분까지는 모두 회수되었습니다. 하지만 9월 매출 210만

거래처 A의 매출채권 연령분석표

	발생금액	미회수	회수
12월	2,000,000	2,000,000	
11월	1,000,000	1,000,000	
10월	1,000,000	1,000,000	
9월	2,100,000	1,000,000	1,100,000
8월	1,800,000		1,800,000
7월	1,500,000		1,500,000
6월	2,300,000		2,300,000
5월	2,400,000		2,400,000
⋮	⋮		
⋮	⋮		
합계		5,000,000	

원 중에서는 110만 원만 회수되고 나머지 금액은 아직 회수되지 않은 상태입니다. 그 이후의 매출 역시 회수되지 않았으므로 발생된 지 1개월 이하 채권(12월 매출) 200만 원, 1개월 초과 3개월 이하 채권(11월, 10월 매출) 200만 원, 3개월 초과 6개월 이하 채권(9월, 8월, 7월 매출) 100만 원으로 미회수 금액의 총 합계는 500만 원입니다.

매출채권의 회수에도 속도가 있다

우리 회사의 매출채권이 얼마나 빨리 회수되는가를 객관화시켜 수치로 알 수 있는 방법이 있습니다. 매출채권 회전율과 매출채권 회수 기간을 계산해보는 것입니다. 둘 다 목적은 하나입니다. 전체 매출액에 대비하여 평균 매출채권이 얼마냐 하는 것입니다. 기간을 1년으로 할 때 계산 방식은 아래와 같습니다.

$$매출채권 회전율 = 1년간의 매출액 \div 평균매출채권$$
$$매출채권 회수 기간 = 365 \div 매출채권 회전율$$

여기서 평균매출채권이란 매월 말 매출채권의 평균치입니다. 예를 들어볼까요? 한 해의 매출액이 3억 원이고 매달 말 매출채권의 평균을 내보니 6,000만 원이었습니다. 그럼 매출채권 회전율은 '3억 원 ÷ 6,000만 원=5'입니다. 즉 매출채권이 다섯 번 정도 회전된다는 뜻입니다. 이 수치는 높으면 높을수록 좋습니다. 그만큼 매출채권이 빨리 회수된다는 의미이니까요.

이제 매출채권 회수 기간도 구할 수 있겠지요. 365일 ÷ 5(매출채권 회전율)=73으로, 73일입니다. 그러니까 매출을 올린 후 판매대금을 회수하는 데 걸리는 기간이 평균 73일이라는 의미입니다. 이 수치는 당연히 작을수록 좋습니다. 그만큼 판매대금이 빨리 회수된다는 뜻이니까요.

이 측정치를 전년도의 측정치와 비교하면 올해의 매출채권 회수 활동을 평가할 수 있습니다. 전년도에 비해 매출채권 회전율이 떨어지거나 매출채권 회수 기간이 늘어났다면 회사 경영에 뭔가 문제가 생기기 시작했다는 신호일 수 있습니다.

매출채권 회전율과 매출채권 회수 기간은 1년 단위로 계산하지만 꼭 1년에 한 번만 계산할 수 있는 것은 아닙니다. 마음만 먹으면 매달 계산할 수도 있습니다. 만약 8월 말에 계산을 하고 싶다면 전년도 9월부터 8월말까지의 매출을 합한 다음 그 기간 동안 매월 말 매출채권의 평균치를 구하여 매출채권 회전율을 구하면 됩니다. 그럼 자동적으로 매출채권 회수 기간도 계산이 가능할 것이고요.

사실 이러한 측정치들은 엑셀 같은 계산프로그램에 계산 양식만 잘 작성해두면 아주 쉽게 구할 수 있습니다.

같은 개념을 이용해 매출채권 회전율과 매출채권 회수 기간을 거래처별로 구해볼 수도 있겠습니다. 매출 거래처별로 1년 매출과 매출채권 잔액 평균치를 구하여 매출거래처 평가에 사용할 수 있습니다. 회전율이 낮고 회수 기간이 긴 거래처에 대해서는 수금을 자주 독촉하는 것이 필요하겠죠? 이렇듯 간단한 계산식을 이용해서 거래처에 대해 새로운 평가를 할 수 있습니다.

05
낼 필요 없는 세금을
내게 되는 경우

Q 운영하고 있는 사업체에 이익이 꾸준히 나고 있고 세금도 착실히 내고 있습니다. 그런데 가끔씩 큰 금액의 매출채권을 떼이는 경우가 생겨서 속상합니다. 이익이 났다고 세금도 많이 냈는데 받을 돈을 못 받으니 결국 이익은 장부상의 이익이지 실제 이익이 아닌 것 같은 느낌입니다. 이를 어떻게 처리해야 할까요?

A 받을 돈을 받지 못했을 때 그 받지 못한 금액도 '비용'입니다. 기본적으로 일정한 요건이 충족된다면 세무상 비용으로 인정이 됩니다. 그러니까 받지 못한 금액을 모두 비용으로 계산한 후에 남는 금액을 기준으로 세금을 내야 합니다.

떼인 돈을 비용으로 인정받기 위해서는 일정한 요건을 갖추어야 합니다. 그러한 요건들을 갖추지 못하고 그냥 지나가버린다면 결국 앞으로 남고 뒤로 밑지는 결과를 낳겠죠?

많은 기업들이 부실채권에 대해 무신경하게 지내다가 낼 필요 없는 세금을 내게 되는 상황에 이르고 있습니다. 따라서 부실 징후가 있는 채권은 미리 관리를 하여 세무상 비용으로 인정받기 위한 여러 증빙을 준비해두어야 합니다.

부실채권들은 어떻게 처리해야 할까?

받을 가능성이 없다고 판단되는 판매대금은 '대손상각'이라는 비용계정과목을 통해 비용처리를 하는 것이 좋습니다. '대손상각'이라는 비용을 통해 부실채권에 대해 미래에 받지 못할 것을 가정하여 미리 비용처리를 해두는 경우도 있고 실제 채권을 못 받는 것으로 확정이 되었을 때 대손상각으로 비용처리를 할 수도 있습니다.

그에 필요한 자세한 회계처리 과정은 여기서 다룰 내용이 아니라고 생각합니다. 다만 한 가지 짚고 넘어가야 할 것이 있습니다. 받지 못하는 매출채권을 비용처리할 경우 모든 금액이 세무상 비용으로 인정되는 것은 아니라는 사실입니다. 세법에서는 대손금을 비용으로 인정하는 여러 가지 요건들을 규정하고 있습니다.

복잡한 규정들이 많으나 여기서는 가장 흔히 볼 수 있는 경우 몇 가지만 추려서 말씀드려보겠습니다.

1. 채무자의 파산, 강제집행, 형의 집행, 사업의 폐지, 사망, 실종 또는 행방불명으로 회수할 수 없는 채권

대부분 채권이 부실화되는 경우는 여기에 해당됩니다. 상대편이 외상대금을 주고 싶어도 주지 못하는 상황에 빠진 것이지요. 그러므로 그런 매출채권은 당연히 비용처리를 할 수 있습니다. 그런데 중요한 것은 그 상대방이 정말로 파산을 했는지 사업을 그만두었는지를 채권자가 세무당국에 입증해야 한다는 사실입니다. 그러므로 매출채권을 받지 못해서 비용처리를 할 경우에는 채무자에 대한 신용조회 서류 등, 받지 못하는 사유를 입증할 서류들을 반드시 같이 구비해야 합니다.

또 채무자가 폐업을 했다고 해서 무조건 매출채권을 비용처리할 수 있는 건 아닙니다. '폐업한 거래처에 대하여 채권회수를 위한 제반 절차를 취했음에도 무재산 등으로 회수불능임이 객관적으로 확인되는 때'에만 비용처리를 할 수 있습니다. 그러므로 영업사원이 수금을 하러 다녔다는 출장보고서, 신용 조사 전문 기업의 보고서 등을 첨부하는 것이 좋습니다.

2. 소멸시효가 완성된 채권

민법, 상법, 어음법, 혹은 수표법에 따라 소멸시효가 완성된 채권은 더 이상 채권으로서의 효력이 상실된 것이므로 회수할 수 없습니다. 따라서 소멸시효가 완성된 채권은 비용처리를 할 수 있습니다. 그러나 이 경우에도 법적인 제반 절차를 취하여 정당하게 회수 노력을 했다는 사실이 입증되어야 합니다. 그냥 가만히 앉아 세월이 가기만을 기다렸다면 그런 금액은 그 거래처에 대한 접대비나 기부금으로 간주됩니다. 비용으로 인정받지 못할 확률이 매우 높은 것이지요.

법에서 규정된 소멸시효 중 몇 가지만 예를 들어보겠습니다.

민법의 규정 : 생산자 및 상인이 판매한 생산물 및 상품의 대가 - 3년

수공업자 및 제조자의 업무에 관한 채권 - 3년

이자, 부양료, 급료, 사용료, 기타 1년 이내의 기간으로 정한 금전 또는 물건의 지급을 목적으로 하는 채권 - 3년

여관, 음식점, 대석, 오락장의 숙박료, 음식료, 대석료, 입장료, 소비물의 대가 및 체당금의 채권 - 1년

판결에 의하여 확정된 채권 - 10년

일반 채권 - 10년

상법의 규정 : 상행위로 인한 채권 - 5년

운송주선인, 운송인, 창고업자의 책임 - 1년

공중접객업자의 책임 - 6월

어음법의 규정 : 발행인에 대한 청구권 - 만기일로부터 3년

배서인에 대한 청구권 - 거절증서의 일자, 거절증서 작성 면제의 경우에는 만기일로부터 1년

수표법의 규정 : 소지인의 배서인, 발행인, 보증인에 대한 상환청구권 - 제시 기간 경과 후의 제1일부터 6개월

지급보증인에 대한 청구권 - 제시 기간 경과 후의 제1일부터 1년

기타 : 근로기준법 및 근로자퇴직급여보장법의 적용을 받는 임금채권 및 퇴직금 - 3년

상법의 소멸시효는 상법 및 기타의 다른 법령에 더 짧은 시효가 있을 경우 그 시효를 적용하도록 규정되어 있으므로 가장 많이 문제가 되고 있는 물품대금의 소멸시효는 일단 3년으로 적용된다는 가정하에 채권관리를 할 필요가 있습니다. 그러나 여러 가지 법적인 변수가 많기 때문에 부실채권 회수의 법률적 문제는 채권 회수 법률 전문가의 영역이라고 생각하므로 여기서는 법적으로 소멸시효가 완성된 채권은 비용으로 인정받을 수 있다는 사실을 기억하면 되겠습니다.

한편 위 소멸시효는 채권자의 여러 가지 법률적인 행위(소 제기, 압류, 가압류, 내용증명에 의한 신청 등)로 시효가 중단될 수 있으므로 사실상 채권자의 노력으로 시효의 소멸을 상당 기간 연장시킬 수 있습니다.

소멸시효 완성으로 인한 비용처리 시기는 소멸시효가 완성된 날이 속하는 과세연도에 비용처리를 할 수 있고 장부상 비용처리를 하지 않았다 하더라도 세금을 신고할 때 비용에 가산하여 신고하면 혜택을 받을 수 있습니다.

3. 부도기업에 대한 수표, 어음상의 채권 및 부도 중소기업에 대한 외상매출금

부도발생일로부터 6개월 이상 지난 수표 또는 어음상의 채권 및 부도 중소기업에 대한 외상매출금으로서 부도발생일 이전에 발생된 금액은 대손금으로 비용처리를 할 수 있습니다. 다만, 해당 기업이 채무자의 재산에 대하여 저당권을 설정하고 있는 경우는 비용으로 인정되지 않습니다. 수표 또는 어음은 채권자가 중소기업이 아니라도 부도발생 후 6개월 이상 지나면 비용처리를 할 수 있지만 외상매출금은 채권자가 중소기업이어야만 비용처리가 가능합니다. 중소기업에 혜택을 주는 여러 가지 세법 조항 중 하나이지요. 비용으로 처리할 수 있는 시점은 수표, 어음, 외상매출금 등이 부도발생일로부터 6개월이 되는 시점이 속하는 과세연도에 장부상으로 비용처리를 하면 됩니다. 다만 사후 관리를 위하여 채권 금액 중 1,000원은 남겨두고 비용처리를 해야 합니다. 훗날 거래처에서 돈을 돌려받을 수도 있으므로 그런 거래가 있었다는 사실을 잊지 않기 위해서이지요.

4. 세법에서 인정하는 대손금의 약 10%는 돌려받을 수 있다

부가가치세법에 따르면 법인세법이나 소득세법에서 인정하는 대손금의 경우 그 대손금에 포함된 부가가치세를 돌려주도록 규정하고 있습니다. 그러니까 위에서 설명한 대손금 금액 중에서 약 10%에 해당하는 부가가치세를 돌려받을 수 있다는 말이지요. 그 시기는 대손금으로 처리(받지 못하는 금액을 비용으로 처리)하는 때가 속하는 과세기간입니다.

예를 들어 어떤 거래처에서 받을 돈이 330만 원 있었는데 받지 못하여 적법하게 대손금으로 처리했다면 그중 부가가치세에 해당되는 30만 원은 돌려받을 수 있습니다. 원래 물품대금이 300만 원이었고 부가가치세가 30만 원이었으므로 부가가치세는 돌려주겠다는 의미입니다. 어정쩡하게 245만 8,816원을 대손으로 처리했다면 돌려받을 금액을 어떻게 계산해야 할까요? 법에는 그 공식도 다음과 같이 친절하게 규정되어 있습니다.

$$대손세액 = 대손금액 \times 110분의\ 10$$

여기서 말하는 '대손세액'이란 돌려받을 부가가치세를 말합니다. 이 공식에 따라 계산한 금액만큼은 돌려받을 수가 있습니다.

그러므로 여의치 않은 사정으로 대손처리를 하게 되더라도 꼭 적법하게 대손을 처리하여 그 금액에 포함된 부가가치세라도 챙겨 돌려받아야 하겠습니다.

비용으로 인정받을 수 없는 매출채권

위에서 설명한 요건에 맞지 않는 매출채권은 아무리 비용처리를 해도 인정받지 못합니다. 그런데 위의 요건과 상관없이 비용으로 인정받지 못하는 채권이 있습니다. 어떤 경우일까요? 아래의 두 가지 경우입니다.

1. 채무보증으로 인한 구상채권

사업을 하다 보면 흔한 일은 아니지만 실적을 위해 다른 회사 혹은 고객의 채무에 보증을 서는 일이 있을 수 있습니다. 그런데 그 회사가 채무를 갚지 못해 보증을 선 내가 대신 채무를 갚아줘야 하는 경우 법에서 정한 특수한 경우를 제외하고는 세무상 비용으로 인정받지 못합니다. 아마 보증의 폐해를 줄이기 위한 정책이 아닐까 생각합니다.

예를 들어 농기계 회사가 농민에게 자사의 농기계를 판매하면서 그 기계 구입자금을 농민의 이름으로 금융기관으로부터 대출을 받게 했습니다. 그리고 농기계 회사가 그 대출금에 대해 보증을 섰습니다. 그런데 농민이 파산하여 그 대출을 갚지 못하게 되었습니다. 농기계 회사는 농민 대신 대출금을 갚는 한편 농민에게 대출금을 달라는 청구(구상권 행사)를 합니다. 하지만 파산한 농민이 돈이 어디 있어서 농기계 회사에 돈을 주겠습니까? 그 돈이 있었다면 애당초 은행에 돈을 갚았겠지요. 하는 수 없이 농기계 회사는 받을 돈을 포기하고 대손금으로 처리합니다. 즉 구상채권을 비용으로 처리하는 것이지요. 하지만 안타깝게도 이런 경우에는 그 비용처리된 금액을 세무상 비용으로 인정받지 못합니다.

2. 특수관계자에게 업무와 관련 없이 대여한 금액

자신이 영위하는 사업과 관련 없이 자신의 가족이나 친척, 기타 법에서 '특수관계자'라고 정해 놓은 사람이나 법인에게 '업무와 상관 없이' 빌려준 금액을 받지 못해서 비용처리를 하는 경우 그 금액은 세무상 비용으로 인정받지 못합니다. 법인이나 개인사업자의 영리를 목적으로 하는 활동에 있어서 그 활동과 관련 있는 지출만 비용으로 인정하고자 하는 기본 정신에 따른 규정이리라고 생각합니다.

자신의 동생이 경영하는 회사의 자금 사정이 어려워 자신이 운영하는 회사의 자금을 빌려주었는데 그 금액을 돌려받지 못하여 비용으로 처리하는 경우가 한 예가 될 수 있습니다.

채권 관리, 어렵지 않다!

1. 개인사업자의 경우는 어떻게 적용될까?

개인사업자가 소득세법의 규정에 따라 납부할 세금을 계산하면서 받지 못한 매출채권을 비용처리하는 경우는 법인세법을 준용하게 되어 있습니다. 즉 앞에서 설명한 내용들은 개인사업자에게도 그대로 적용이 됩니다.

2. 부실채권 진행 상황을 알 수 있는 양식 작성

쭉 살펴본 대로 판매대금 회수는 회사 경영의 정말로 중요한 부분이며, 그런 만큼 부실 징후를 감지하고 부실화된 채권을 전문적으로 관리하는 과정이 반드시 필요합니다. 하지만 대부분 회사들, 특히 소규모 업체들은 전담 직원을 따로 두기가 쉽지 않은 것이 현실입니다. 별도의 전담 직원을 둘 수 없다면 최소한 별도 양식이라도 작성하여 따로 관리를 할 필요가 있습니다. 부실징후를 보이거나 부실화된 거래처에 대해 별도의 양식을 작성하여 부실 관련 금액, 부실징후의 내용을 기록하는 것입니다. 또 이미 부실화된 금액이 있을 경우 법적 절차 진행 현황, 소멸시효 등을 적어 전체적으로 관리할 수 있게 해야 합니다.

절대로 생각처럼 복잡하고 어려운 일이 아닙니다. 그런데도 의외로 많은 기업들이 바쁘다는 이유로 부실채권을 방치하고 있습니다. 여러분은 어떻습니까? 소멸시효가 완성되었는지, 채권에 포함된 부가가치세가 얼마인지, 채무자의 재산 상태가 어떠한지 알아볼 생각도 안 하고 그저 '아무개 사장이 폐업하고 행방불명되었으니 하는 수 없다'고 지레 두 손들어 버리지는 않았습니까? 지금이라도 늦지 않았습니다. 건전하고 알뜰한 기업 관리는 조금만 노력하면 누구나 할 수 있는 일입니다.

06
재고자산,
어떻게 관리해야 할까?

Q 부품을 사다가 완성품을 조립하여 판매하는 사업자입니다. 많지는 않지만 부품의 종류도 꽤 되고 완성품의 품목도 몇 가지가 되어 관리하기가 상당히 복잡합니다. 어떤 때는 충분히 남아 있는 부품을 새로 주문하기도 하고, 없는 부품을 많이 남았다고 착각을 하여 생산 일정이 지연되기도 합니다. 특히 직원이 바뀌거나 할 때 이런 현상이 심해집니다. 재고자산을 잘 관리하는 방법은 없을까요? 또 한 가지 궁금한 점이 있습니다. 남아 있는 부품이나 만들다 만 제품도 모두 비용으로 처리되는 것인가요? 알고 싶습니다.

A 충분히 이해가 갑니다. 가정에서도 설탕을 사놓고 잊어버려 두 통, 세 통 연속해서 사서 몇 달씩 재어놓는 일이 허다한데 하물며 관리할 품목이 한두 가지가 아닌 기업은 더 말할 나위가 있겠습니까? 보다 효율적인 재고자산 관리 방법을 알아보도록 합시다.

무엇이 재고자산일까?

우선 '재고자산'의 의미부터 말씀드리겠습니다. 기업의 재고자산은 판매의 목적물, 즉 제품입니다. 또는 최종 목적물(제품)을 제조하기 전 단계의 물품들입니다. 따라서 같은 물건이라도 기업이 그 물건을 사용하는 목적에 따라 기업 내에서 차지하는 꼬리표(계정과목)가 달라집니다.

한 기업이 영업 장소로 사용하기 위하여 점포를 구입했을 때 그 점포의 토지와 건물은 그 기업의 '비유동자산' 중 '유형자산'이라는 계정과목에 기록됩니다. 하지만 건물을 신축하여 판매하는 업자의 입장에서는 그 점포가 매출의 원천이므로 그 점포에 해당되는 토지와 건물의 금액은 '재고자산'으로 취급됩니다. 일반 사무실에서는 가구를 들여오면 가구의 구입대금을 '집기비품'으로 분류하지만 가구회사 입장에서는 가구가 곧 판매해야 할 재고자산입니다.

합판을 만드는 회사는 원목이나 톱밥 같은 것을 '원재료'로 하여 '제품'인 합판을 만들고 가구회사는 합판을 '원재료'로 하여 '제품'인 가구를 만듭니다. 직물회사의 '제품'인 원단을 원재료로 하여 의류회사는 여러 가지 의류를 '제품'으로 만들어냅니다. 라면 제조회사는 밀가루를 가공하고, TV 제조회사는 갖가지 전자 부품을 '원재료'로 삼습니다.

이렇듯 여러 제조회사들은 판매 목적물인 '제품'을 만들기 위해 원재료나 부재료를 투입합니다. 하지만 어떤 시점을 기준으로 잘랐을 때, 가공을 위해 투입했으나 제품으로 완성되지 않은 재고자산이 있게 마련입니다. 이를 두고 '재공품'이라고 부릅니다.

한편 제조회사에서 만든 '제품'을 사다가 판매하는 중간상인이나 소매업자 입장에서는 제조회사에서 '제품'이라 부르는 것들을 '상품'이라 부릅니다. 도매업자나 소매업자는 '상품'을 구매하여 다른 소매업자나 소비자에게 판매하는 사람입니다. 이렇듯 같은 물건이라도 각 기업이 처한 입장에 따라 회계적으로 다른 용어를 사용합니다.

재고자산의 개념은 기업에 따라 달라지며 따라서 재고자산을 관리하는 방법 또한 회사마다 천차만별입니다. 그러나 관리의 포인트는 어디나 똑같습니다. 바로 '수량'과 '금액'입니다. 수량과 금액을 정확하게 파악하고 보유재고를 줄이려는 노력, 즉 쓸데없이 재고자산을 많이 보유하지 않도록 하는 노력이 재고자산 관리의 핵심이지요.

재고자산 금액이 이익과 손실을 말해준다

재고자산은 입출이 매우 빈번하기 때문에 그 수량의 정확성을 유지하는 데 많은 노력이 듭니다. 실제 상당한 노력을 기울였는데도 재고자산의 수량과 금액이 정확하지 않은 경우가 허다합니다. 열심히 장부에 재고의 입출을 기록했는데도 막상 실제 재고를 세어보면 장부와 맞아떨어지지 않는 경우가 아주 많은 것이지요. 물론 재고의 공정간 이동이 완벽히 자동화되었다면 이야기가 다르겠지만 대부분의 기업은 입출과정을 사람이 통제합니다. 사람이 하는 일이니 오차가 없을 수 없겠지요.

하지만 재고자산 금액의 오류는 고스란히 손익계산서에 반영됩니다. 그러니 그 영향이 적지 않겠지요! 예를 한번 들어볼까요?

재고자산 차이에 따른 영업이익 비교

	바른 상품	상품 과대	상품 과소
A. 매출액	10,000	10,000	10,000
a. 기초상품재고액	2,000	2,000	2,000
b. 당기상품매입액	7,000	7,000	7,000
c. 기말상품재고액	3,000	3,300	2,700
B. 매출원가(a+b−c)	6,000	5,700	6,300
C. 매출총이익(A−B)	4,000	4,300	3,700
D. 판매비와 관리비	3,000	3,000	3,000
E. 영업이익(C−D)	1,000	1,300	700

　어떤 도매상에서 장부를 작성할 시점에 상품 재고액이 3,000원이라고 가정해봅시다. 이 시점의 영업이익은 1,000원입니다. 그런데 만약에 상품재고 금액을 잘못 파악하여 실제보다 300원 더 많은 것으로 기록(과대계상)했다면 당연히 영업이익도 같은 금액만큼 늘어납니다. 반대로 실제보다 300원 더 적게 장부에 올린다면 영업이익도 같은 금액만큼 줄어들겠지요. 왜냐하면 상품은 팔린 만큼 매출원가(비용)로 처리하는데 상품재고가 실제보다 많아지게 되면 그만큼 팔린 상품금액이 적게 계산되므로 원가가 줄어듭니다. 원가가 줄어드니 이익은 늘어나게 됩니다. 반대로 상품재고 금액을 실제보다 더 적게 장부에 기록한다면 팔려나간 상품 금액이 더 많아지고 매출원가도 실제보다 커지지만 이익은 줄어듭니다.

　재고자산의 정확한 계산이 매우 중요한 이유는 보통 기업에서 재고자산의 금액이 당기순이익이나 손실의 금액보다 훨씬 크기 때문입니다. 그래서 재고자산 금액이 1%만 잘못되어도 기업의 당기순이익에 20~30%의 영향을 미칠 수 있습니다. 특히 마진이 박한 제품이나 상품을 대량으로 판매하여 이익을 창출하는 기업에서는 보유하는 재고자산이 상대적으로 클 수밖에 없고 따라서 재고자산의 오류 금액이 이익에 미치는 영향도 당연히 지대할 수밖에 없습니다. 영업이익이 거의 없어 이익규모가 아주 작은 기업 역시 재고자산 금액의 부정확한 계산이 재무제표에 미치는 영향은 아주 큽니다.

앞의 예에서도 상품재고 금액의 변동은 10%밖에 안 되지만 영업이익의 변동은 30%나 됩니다. 만약 재고금액이 더 크고 마진율이 더 박하다면 그 영향력은 훨씬 더 심할 것입니다.

다음 표를 보면 재고자산의 오류가 기업의 영업이익에 끼치는 영향을 조금 더 명확하게 확인할 수 있습니다. 기업의 영업이익이 10만 원으로 일정하다고 가정하고 각 기업이 보유하고 있는 재고자산의 규모에 따라 재고금액의 오류 비율이 영업이익에 끼치는 영향의

재고자산 규모에 따른 오류로 인한 영업이익 변동 폭

(영업이익 금액 10만 원 가정)

재고자산 규모	영업이익 대비	영업이익 변동률		
		1% 오류	3% 오류	5% 오류
50,000	1/2배	0.5%	1.5%	2.5%
100,000	1배	1.0%	3.0%	5.0%
200,000	2배	2.0%	6.0%	10.0%
500,000	3배	5.0%	15.0%	25.0%
1,000,000	10배	10.0%	30.0%	50.0%

정도를 계산한 것입니다.

경우에 따라서는 재고자산이 영업이익의 100배가 될 수도 있는 것이 현실입니다. 거의 이익이 나지 않을 만큼 마진율이 박하다면 사소한 재고자산의 오류에도 회사의 재무제표가 심각하게 왜곡될 수 있습니다. 예를 들면 재고자산이 100억에 달하는 회사의 영업손실이 1억이었을 때 재고자산 금액을 2%, 즉 2억만 과대하게 기록을 해도 영업손실 1억은 영업이익 1억으로 둔갑하게 됩니다. 따라서 영업이익이 거의 발생하지 않는 회사일수록 재고자산 관리에 더 많은 노력을 기울여야 합니다. 그래야만 회사의 실적을 정확하게 평가할 수 있을 것입니다.

재고자산, 실제보다 많아져도 적어져도 문제

재고자산의 오류는 두 가지가 있겠습니다. 실제보다 재고자산을 부풀린 경우와 실제보다 더 적게 기록한 경우이겠지요. 첫째, 재고자산이 실제보다 부풀려지는 경우란 어떤 상황일까요? 예를 들어 올해 실제 제품 판매량은 100개인데 장부에는 90개만 판매된 것으로 기록됩니다. 그러면 남은 10개는 창고에 없는 상태이면서도 장부에는 재고자산으로 기록될 것입니다. 따라서 손익계산서에도 10개분의 원가가 매출원가 항목으로 처리되지 않을 것이므로 매출원가가 실제보다 적게 기록되겠지요. 비용의 주요 부분인 매출원가가 적게 표시되면 그 기업의 당기순이익은 실제보다 많아 보입니다. 즉 영업성과가 실제보다 부풀려지는 것입니다. 우리는 이것을 두고 '분식회계'라고 부릅니다. 뉴스 시간에 많이 들어보셨지요?

이럴 때 경영자가 재고금액 계산이 부풀려진 것을 모르고 의사결정을 한다면 어떻게 될까요? 진짜 이익이 났다고 착각하여 신이 난 경영자는 직원들에게 특별 상여금을 지급할 수도 있습니다. 또 제품의 경쟁력을 높이겠다고 가격을 할인하여 제품을 판매할 수도 있습니다. 상황에 따라서는 회사의 심각한 경영악화를 몰고 올 수도 있는 결정이지요. 이런 실수도 안타까운데 게다가 법인세나 종합소득세까지 실제로 납부해야 할 금액보다 더 많이 내야 합니다.

반대로 재고자산이 실제보다 더 적은 금액으로 장부에 기록되어도 문제입니다. 이 경우 실제보다 이익이 줄어들게 되고, 역시나 경영자는 사업과 관련된 결정에 착오를 일으킬 수 있습니다. 지금까지 잘 해오던 정책을 괜히 바꿀 수도 있고 의도하지 않게 세금을 적게 냄으로써 미래에 법인세나 종합소득세를 추징당할 위험도 있습니다.

따라서 경영자의 올바른 경영 의사결정을 위해서는 정확한 재고 금액 산출이 반드시 필요합니다.

07

큰 회사든 작은 회사든
꼭 필요한 장부

Q 전자제품에 들어가는 부품을 제조하여 판매하는 회사입니다. 회사 규모가 크지 않아서 거래처로부터 주문이 들어오면 원재료를 가공, 조립하여 주문량을 생산하여 납품합니다. 그런데 충분한 양이 남아 있을 것이라고 생각되는 품목이 전혀 없어 당황스러울 때가 가끔 있고 심한 경우에는 납기에 차질을 빚을 때도 있었습니다. 또 어떤 품목은 필요 없이 너무 많이 사들였던 경우도 있었고요. 주문량과 납기에만 신경 쓰다 보니 못 쓰고 버리는 제품과 원재료도 상당히 있을 것 같은데 그 양이 얼마인지 알 수도 없습니다. 재고자산 관리는 어떻게 해야 할까요?

A 원재료나 제품은 기업을 경영하는 데 있어서 핵심 중에 핵심입니다. 기업 활동 주기의 출발이 생산부터 시작되기 때문이죠. 따라서 원재료나 제품의 움직임을 일목요연하게 파악할 수 있는 절차가 있어야 원재료에 불량품이 얼마나 있는지, 생산 과정에서 파손되는 수량이나 제품의 불량률은 얼마나 되는지 등을 알 수가

있습니다. 더 나아가서 생산의 효율성을 높이기 위한 대책도 마련할 수 있습니다.

수량 관리는 반드시 재고자산수불부로!

재고자산수불부란 재고자산이 들어오고 나가는 것을 일일이 기록하는 장부입니다. '제품수불부', '상품수불부', '원재료수불부', '부재료수불부' 등의 여러 계정과목을 갖춘 재고자산의 가계부이지요. 재고자산 관리에 가장 기본적이고 필수적인 장부입니다.

그런데 의외로 소규모 기업들 중에는 재고자산수불부를 체계적으로 관리하는 곳이 드뭅니다. 기업규모가 적다 보니 재고자산의 출입량도 적을 것이고 그래서 체계적으로 관리할 만한 필요를 느끼지 못하는 것이지요. 또 판매가 우선이다 보니 재고자산의 수량 관리에까지 신경을 쓰지 못해서 소홀한 경우도 많고요. 물론 취급하는 품목이 상품이고, 즉 제조를 하지 않고 완제품을 구입하여 소비자에게 판매하는 사업이고 판매 품목이 한 가지밖에 안 된다면 구태여 귀찮게 장부를 만들지 않아도 머릿속으로 상품의 입출 상황을 훤하게 파악할 수 있을 겁니다. 그러나 그런 업체의 사장님이라 해도 지난 몇 달간 구입하고 판매한 수량을 정확하게 꿰고 있기란 쉽지 않습니다. 인간의 기억력이란 참으로 믿을 수 없는 놈이니까요. 그래서 재고자산수불부는 어떤 기업이든 꼭 필요한 장부입니다.

가장 간단한 수불부의 예를 들어보겠습니다. 아주 상식적이고 만들기 쉬운 표입니다.

상품수불부

A품목

날짜	기초수량	입고	출고	기말수량
1월 1일	100			100
1월 2일	100	120	60	160
1월 3일	160	100	110	150
1월 4일	150	70	100	120
1월 5일	120	110	120	110
1월 6일	110	80	140	50
1월 7일	50	100	80	70
⋮				
⋮				
월계	100	580	610	70
누계	100	580	610	70

정말로 간단하지요? 재고자산수불부는 이처럼 아주 간단한 개념으로 시작됩니다. 아무리 큰 기업도 재고자산의 움직임은 두 가지에 불과하다는 것이지요. 즉 '들어오는 것' 아니면 '나가는 것'입니다. 중요한 것은 표의 작성 양식이 아니라 들어오고 나가는 것을 제때에 기록하느냐의 여부입니다. 더구나 수불부 작성 프로그램은 거의 모든 회계프로그램에 포함되어 있으므로 입력만 제때 잘한다면 아주 수월하게 재고 상황을 파악할 수 있습니다.

자, 그럼 이제부터 조금 더 자세하게 다양한 수불부를 살펴보도록 합시다.

상품수불부

(201X. 1. 1~201X. 1. 31)

품목	기초수량	입고	출고	기말수량
A	100	600	650	50
B	150	120	300	−30
C	300	100	110	290
D	200	70	100	170
E	250	110	500	−140
F	400	200	10	590
G	150	0	0	150
⋮				
⋮				

수불부 프로그램에서 품목별로 1개월간의 입출 수량을 뽑아보니 위 표와 같았습니다. 품목 B와 E는 월말 수량이 마이너스입니다. 어떤 이유에서 출고가 너무 많이 잡혀 있거나 입고 중 일부 수량이 입력되지 않았을 것입니다. 현실적으로 출고를 중복하여 기록하는 경우보다는 입고를 입력하지 않아서 발생되는 경우가 훨씬 많습니다.

어쨌거나 이런 경우에는 입출고의 정확성을 의심할 수밖에 없고 상품을 얼마나 더 주문해야 할지 판단할 수도 없습니다. 상품 구매 주문의 때를 놓쳐 그야말로 '없어서 못 파는' 상황이 벌어질 수도 있습니다. 즉 남들은 잘 팔고 있는 상품을 나는 못 파는 것이지요. 그러므로 경영자가 항상 현장에 붙어 있거나 현장 직원이 구매 요청을 수시로 할 만큼 관리가 잘되는 경우라면 모를까, 재고 수량은 매일매일 확인이 가능하게끔 체계화해놓는 것이 좋습니다.

품목 F의 경우는 특히 출고를 제대로 입력하지 않았을 것으로 의심되는 품목입니다. 팔리지도 않을 상품을 200개씩이나 사들일 이유가 없을 테니까요.

품목 G의 경우는 어떻게 된 것일까요? 물론 위의 표가 1개월간의 표이므로 속단할 수는 없겠지만 1년간의 수불부를 뽑아보았을 때도 똑같이 연초의 수량 150개가 그대로 유지되었다면 제대로 된 기록이 아닐 겁니다. 아마 오래되어서 팔지 못하는 품목이거나 이미 모두 소진되었는데도 장부에 기록을 잘못하여 장부상에만 남아 있는 수량일 수 있습니다. 그러므로 이럴 경우 실제로 그 품목이 창고에 있는지 조사를 해보아야 합니다. 만일 창고에 방치되어 있다면 노후화 상태를 점검해보고 처분할 방도를 마련해야 합니다. 쓸데없이 창고 자리만 차지하고 있는 재고는 없애야 마땅하니까요.

이와 같이 수불부를 작성해 일정 기간 동안의 입출고를 일목요연하게 파악할 수 있다면 많은 오류를 잡아낼 수 있을 것이고 기업 회계장부의 정확도를 높여 올바른 정보를 바탕으로 정확한 의사결정을 내릴 수 있을 것입니다.

원재료 수량 파악의 중요성

앞에서 살펴본 수불부는 단순히 상품의 입출만을 기록하는 양식입니다. 하지만 실제로는 각 회사마다 자신의 목적에 맞게 재고자산수불부를 설계해 사용하고 있습니다. 한 가지 예를 들어봅시다.

원재료수불부

(201X. 1. 1～201X. 1. 31)

품목	기초재고	입고		출고						기말재고
		구매	생산출고	연구개발	판매	자가사용	반품	폐기	출고계	
A	100	1,500	1,300	50	40	5	5	3	1,403	197
B	200	1,000	1,000				150		1,150	50
C	150	1,500	1,000	50				500	1,550	100
D	300	500	1,000	100					1,100	(300)
⋮										
⋮										

위 표는 제조업체에서 제품 제조에 필요한 원재료를 관리할 때 쓰는 양식입니다. 어떻게 살펴보아야 하는지 지금부터 차근차근 설명하겠습니다.

제조업체들은 제품 생산을 위해 원재료를 구매합니다. 그런데 그 구매한 원재료가 모두 생산에만 사용되는 것은 아닙니다. 연구개발용으로 사용할 수도 있고 원재료의 성격에 따라 직원들의 복지를 위해서도 사용할 수 있습니다. 물론 반품되거나 폐기되는 양도 있을 겁니다.

위 표 중 출고란의 '생산출고'에 적힌 수량은 제품 생산에 사용된 원재료의 양을 의미합니다. 그러므로 그 비용은 당연히 제조원가 중 '원재료비'가 되겠지요. 그러나 같은 원재료라 할지라도 연구개발에 사용된 부분은 각각의 목적에 따라 '경상연구비'나 '개발비' 등의 계정과목으로 분류됩니다.

또 원재료를 생산에 사용하려고 구입했으나 다른 업체나 비슷한 품목을 생산하는 자회사에서 요청을 하는 바람에 그대로 얼마간의 마진을 붙여 판매하는 경우도 있습니다. 그때의 수량은 앞의 표에서 '판매'에 기록해야겠지요. 해당 원재료의 성격이 상품으로 변했기 때문에 제조원가에 포함시키지 않고 '상품'으로 취급하게 되는 것입니다.

제품 생산에 사용하지는 않되 회사 자체적으로 사용할 수도 있습니다. 직원들을 격려하거나 거래처에게 증여를 하는 등의 목적으로 사용하는 경우입니다. 물론 통나무를 원재료로 가구를 생산하는 업체에서 통나무를 직원이나 거래처에 선물할 수는 없을 것입니다. 장기 근속한 직원을 격려하겠다고, 거래처 창립 기념일에 줄 선물로 통나무를 증정할 수는 없는 일이니까요. 그러나 금을 가공하는 업체라든지 수산물 등을 가공하여 안줏감을 만드는 업체처럼 원재료 자체가 일반 개인도 소비할 수 있는 성격의 물건이라면 직원들에게 상으로 주거나 거래처에 접대용으로 사용할 수도 있습니다.

실제 기업들의 '제품' 수불부를 살펴보면 이처럼 회사 자체적으로 사용한 것이 많습니다. 이런 자체 사용 수량의 원가는 '복리후생비'나 '접대비' 등으로 처리해야 합니다. 제품 제조와는 상관없이 사용된 것이므로 제품의 원가에 포함시키면 안 됩니다. '반품', '폐기' 등도 생산에 투입된 것이 아니므로 별도의 계정과목으로 처리해야 합니다.

생산 외에 사용된 원재료 수량을 어떻게 회계처리하느냐도 중요합니다. 그러나 더 중요하고 우선 이루어져야 할 것은 그런 목적으로 사용 및 소비된 원재료 수량의 파악이겠지요.

앞에서 살펴본 표에 적힌 품목 B의 경우 반품이 150개 발생했습니다. 원재료의 품질에 문제가 있을 경우 기업에서 생산하는 제품에도 문제가 있을 수 있음은 너무나 당연한 일입니다. 반품이 잦다면 그 거래처의 원재료에 문제가 있다는 뜻일 겁니다. 그러므로 원재료수 불부를 통해 어느 품목이 얼마만큼의 문제가 있었는지 정확히 파악할 필요가 있습니다. 이렇듯 우수한 품질의 원재료를 확보하는 데에도 수불부는 큰 도움이 됩니다.

품목 C의 경우도 문제가 있습니다. 500개나 되는 원재료를 폐기했다면 반드시 그 이유를 알아야 합니다. 원재료의 폐기가 한꺼번에 대량으로 이루어졌다면 대부분 경영자도 알고 있을 겁니다. 하지만 어떤 사정 때문에 꾸준히 소량씩 폐기를 했다면 경영자가 그 사실을 모르고 지나갈 수 있습니다. 위와 같은 통계자료를 작성하지 않는다면 말입니다. 이런 경우에 대비하기 위해서도 수불부가 꼭 필요하지요.

품목 D의 경우는 입고나 출고가 잘못 입력되었습니다. 원재료를 구매했는데 수불부에 입력을 하지 않았거나 출고를 실제보다 과다하게 입력했을 것입니다. 그래서 월말 재고수량이 마이너스로 표시되었습니다. 이런 일은 실제로 상당히 자주 일어납니다. 복잡한 자재코드를 잘못 인식해 품목 D에 입력할 수량을 품목 F에 입력하는 등의 실수를 저지르는 것이지요. 특히 관리 시스템이 열악한 중소기업일수록 이런 실수가 많습니다.

제품수불부로 재고자산을 관리하라

이번에는 제품수불부의 한 예를 들어보겠습니다.

제품수불부

(201X. 1. 1~201X. 1. 31)

| 품목 | 기초재고 | 입고 | | | 출고 | | | | | | 기말재고 |
		생산	반품	입고계	판매	연구개발	견본	자가사용	폐기	출고계	
A	150	1,400	10	1,410	1,300	20	40	5	3	1,368	192
B	300	900	2	902	1,000					1,000	202
C	200	1,500	200	1,700	1,000	10	30		500	1,540	360
D	250	1,000	5	1,005	1,000	30				1,030	225
⋮											
⋮											

제품의 경우도 생산된 제품을 판매용으로만 사용하는 게 아니라 연구용으로 다시 쓸 수 있고 거래처에 견본품으로 보낼 수 있습니다. 또 제품의 성격에 따라 회사 내부에서 사용할 수도 있습니다. 재고자산수불부에는 이런 사용의 내역이 모두 들어가 있어야 합니다. 일정 기간 동안 연구개발로 몇 개를 사용했는지 거래처에 한번 살펴보라고 견본으로 준 것이 몇 개인지 폐기된 것은 또 몇 개인지를 모두 기록해야 합니다. 그래야 그다음 행동을 결정할 수 있습니다. 다음 행동의 판단 근거가 되는 셈이지요.

위 표에서는 특히 품목 C가 짧은 기간 내에 대량으로 폐기되었음을 알 수 있습니다. 이 회사의 경영자라면 주의 깊게 보아야 할 대목이겠지요. 생산 과정에서 불량이 발생했다면 그 이유를 파악해야 하고 제품을 이동시키거나 보관 중에 오염이 되었다면 역시 그 원인을 조사하여 적절한 조치를 취해야 할 것입니다.

제품을 판매하다 보면 판매된 제품이 반품되는 경우가 허다합니다. 이런 제품을 일반적인 생산입고와 구별하지 않으면 당기에 생산된 수량과 섞이게 되어 원가계산에 혼란이 초래됩니다. 반품된 제품의 생산 연도가 올해인지 작년인지, 그것까지 세세하게 구분할 필요는 없겠습니다만, 적어도 당기에 생산 입고된 수량과는 확실하게 구분해야 합니다. 그러지 않으면 당기에 생산 입고된 수량의 원가계산이 엉망이 되어버릴 수 있습니다.

회사에 따라 반품을 제품 입고로 처리하지 않고 기술적으로 판매 출고에서 마이너스로 표시하는 것도 있습니다. 각 회사의 특성에 따라 편한 쪽으로 선택하면 됩니다. 어차피 결과는 마찬가지이니까요. 중요한 것은 판매제품의 반품이 당기에 생산된 제품의 원가계산에 영향을 주면 안 된다는 것이겠죠!

이렇듯 수불부를 정확히 입력해 관리하면 충분한 수량이 있음에도 부품을 추가로 주문하거나 없는 부품이 충분한 줄로 착각하여 생산이 지연되는 일이 없을 것입니다. 수불부는 매우 유용하고 강력한 재고자산 관리 수단입니다. 그러므로 아무리 규모가 작은 업체라도, 설사 공책에다 손으로 일일이 수량을 적는 한이 있더라도 재고자산 수량 관리는 꼭 하는 것이 좋습니다.

08
눈에 보이지 않는 것이
더 큰 영향을 끼친다

Q 얼마 전에 세무서에서 작년 매출신고가 잘못되었으니 수정신 고를 하라는 통지를 받았습니다. 세무서에서 저희 제품을 구 매해가는 거래처를 조사하다가 저희가 허위로 발행해준 세금계산서를 발견했고 부가가치세를 신고할 때 제출한 세금계산서 금액도 상대방 거 래처에서 제출한 세금계산서와 서로 금액이 맞지 않는다는 것이었습니 다. 세금계산서에 관해서라면 꼬박꼬박 관리를 잘했다고 생각했는데 세 무서로부터 지적을 받고 추가로 세금을 더 내라는 말을 들으니 많이 당 황스럽습니다. 이런 경우를 사전에 방지하려면 어떻게 해야 할까요?

A 일반적으로 회사는 매출이 발생되면 매출세금계산서를 발 행하고 관련 매출과 매출채권을 기록합니다. 그런데 세금 계산서는 꼭 매출과 관련된 거래에 대해서만 발행하는 것이 아닙니 다. 예를 들어 자기 사업에 사용하던 차량을 다른 사람에게 팔아도 세금계산서를 발행해야 하고, 사업에 사용하던 건물을 팔아도 세금 계산서를 발행합니다. 책상이나 컴퓨터 역시 마찬가지입니다. 또 주

영업목적물이 아닌 공정 중에 나온 부산물을 팔 때도 세금계산서를 발행해야 합니다. 임대사업자의 경우 월 임대료에 대해서는 세금계산서를 발행합니다. 그런데 임대보증금 이자에 해당하는 금액(간주임대료)에 대해서는 부가가치세를 납부하되 세금계산서를 발행하지는 않고 부가가치세 과세표준신고를 해야 합니다. 물론 면세업종의 사업자는 세금계산서가 아닌 계산서를 발행하면 됩니다.

어쨌든 이 모든 거래를 할 때에 세금계산서는 원칙적으로 거래의 시점에 발생해야 합니다. 예를 들어 매출 거래를 한다면 판매 시점, 즉 물건을 인도하는 등의 시점에 세금계산서를 발행해야 하는 것이지요. 물론 판매가 빈번한 품목인 경우 1개월치를 합산해서 세금계산서를 발행할 수도 있습니다. 하지만 물건을 인도한 후 그다음 달에 세금계산서를 발행하거나 실수든 고의든 아예 세금계산서 발행 자체를 하지 않는 경우는 명백한 위법 행위입니다. 물건을 판매하지도 않았으면서 세금계산서를 발행하는 행위야 두말할 나위가 없겠지요.

매출액과 세금계산서 발행액은 같을까?

어쨌거나 자신의 사업장에서 매출과 세금계산서가 정확히 잘 관리되는지 확인하려면 장부상의 매출액과 세금계산서 발행액을 비교해보는 것이 가장 빠릅니다.

예를 들어 어느 해의 일사분기에 매출과 세금계산서를 비교하는 표를 작성했더니 결과가 위와 같았다고 가정해봅시다. 일단 매출액

매출액과 세금계산서 발행액 비교

구분	매출액	세금계산서 (혹은 계산서)	차이	차이 원인
1월	10,000,000	11,000,000	1,000,000	중고차 매각 1,000,000
2월	12,000,000	12,000,000	–	
3월	11,000,000	10,000,000	–1,000,000	거래처 요청으로 세금계산서 미발행 1,000,000
합계	33,000,000	33,000,000	–	

과 세금계산서의 발행금액은 같습니다. 그럼 안심해도 될까요?

1월과 2월은 안심해도 좋습니다. 중고차나 비품 등을 매각할 때에도 세금계산서를 발행해야 하므로 1월 매출액과 세금계산서 발행액의 차이가 100만 원 발생하는 것은 당연한 일입니다. 그러나 3월에 세금계산서를 다음 달로 미뤄달라는 거래처의 요청에 따라 세금계산서를 발행하지 않은 것은 세법에 어긋나는 일입니다. 자칫 가산세를 물게 되는 거래입니다. 거래 상대방 역시 그로 인해 매입세액공제를 받지 못하는 등의 불이익을 당할 수 있습니다.

세법에 어긋난다는 것을 알면서도 그런 거래를 했다면야 당연히 자신이 책임을 감수해야겠지요. 하지만 그런 의도 없이 실수나 오류로 이런 일이 벌어진다면 정말로 억울할 것입니다. 때문에 최소한 분기별로는 위와 같은 표를 작성해볼 필요가 있습니다.

국세청 e세로 사이트에 들어가면 사업자번호별로 전자세금계산서를 수수한 내용이 모두 확인됩니다. 종이세금계산서 관리만 잘해둔다면 위와 같은 표를 만드는 것이 전혀 어렵지 않습니다.

현재 모든 법인은 전자세금계산서를 발행해야 하고 개인사업자는
매출액(공급가액)이 10억 원 이상인 경우 전자세금계산서를 발행해야
합니다. 또 2014년 7월 1일부터는 2013년 공급가액이 3억 원 이상인
개인사업자는 의무적으로 전자세금계산서를 발행해야 합니다.

거래처의 요청만으로 세금계산서를 발행한다면…

매출액과 세금계산서 발행액 비교에 대한 다른 예를 들어보겠습
니다.

매출액과 세금계산서 발행액 비교

구분	매출액	세금계산서 (혹은 계산서)	차이	차이 원인
1월	10,000,000	11,000,000	1,000,000	비품 매각 1,000,000
2월	10,000,000	12,500,000	2,500,000	거래처 요청으로 매출 없이 세금계산서 발행 2,000,000 스크랩 매각(잡이익) 500,000
3월	9,000,000	10,000,000	1,000,000	거래처 요청으로 매출 없이 세금계산서 발행 1,000,000
합계	29,000,000	33,500,000	4,500,000	

위의 경우에는 1월에 낡은 각종 비품을 재활용업자에게 100만 원
을 받고 매각했습니다. 이 역시 매출에는 포함되지 않지만 세금계산
서를 발행해야 하는 거래이므로 매출액과 정당하게 100만 원의 차이
가 발생했습니다. 그리고 2월에는 제품 가공 중에 발생한 부산물을
판매해서 50만 원을 받았습니다. 이 역시 회계장부에 잡이익으로 기

록하고 세금계산서를 발행해야 하는 거래이므로 50만 원의 차이는 정당합니다.

그러나 제품 판매도 없이 거래처의 요청만으로 2월에 200만 원, 3월에 100만 원의 매출세금계산서를 발행했습니다.

공급자는 아무래도 '을'의 위치이다 보니 매출 거래처의 눈치를 볼 수밖에 없습니다. 다 이해할 수 있는 처지이지요. 하지만 위와 같은 거래의 피해는 결국 자신에게로 돌아올 확률이 매우 높습니다. 될 수 있는 대로 자제하는 것이 바람직합니다. 특히 금액이 높으면 형사처벌까지 당할 수 있으므로 빈대 잡다 초가삼간 태우는 격이 될 수도 있습니다.

공급자의 상대방은 '매입'을 하게 되는데 매입은 매출에 대응되는 비용으로 이익을 줄이는 효과를 가져옵니다. 따라서 어떤 기업은 이익을 실제보다 줄이기 위해서 실제로 구매하지도 않은 품목을 구매한 것처럼 장부에 기록하기 위해 거래처로부터 허위의 세금계산서를 발행해달라고 요구하기도 합니다. 이럴 경우 자기 회사의 제품을 대량으로 구매해주는 거래처라면 그 요구를 거절하기가 참으로 힘듭니다. 그 요구를 거절했다가 거래처를 잃지나 않을까 두렵기 때문이죠. 그러나 그런 요구를 계속 들어주다 보면 결국 자신의 세무상 위험만 커지게 되고 결국 세무조사를 당한다면 거액의 세금을 추징당할 수 있습니다. 그 상대방도 구매액의 10%인 부가가치세를 환급받았을 텐데 그 환급액도 모두 토해내야 하고 가산세까지 내야 할 상황에 처하게 됩니다.

나아가서 고객에게 허위의 세금계산서를 발행하다 보니 실제 매출보다 세금계산서를 너무 많이 발행하게 됩니다. 그러면 실제보다 매출이 훨씬 많이 기록되는 상황이 발생하게 되고 따라서 납부해야 할 세금도 늘어납니다. 이러한 경우 세금을 줄이기 위해서 고육지책으로 자신이 구매자 입장인 다른 납품거래처나 세금계산서를 전문적으로 허위로 발행해주는 곳에 의뢰해서 가짜 세금계산서를 발행받아 매입으로 처리하고 비용으로 계상하기도 합니다. 이런 식으로 연쇄적으로 '탈세'의 행렬에 참여하게 되지요.

당장의 눈앞의 이익을 위해서 위와 같은 불법적인 행동을 하다 보면 결국 엄청난 세금부담을 지게 됩니다. 대부분의 사람들은 '다 그렇게 하는데 왜 나만…' 하며 나라를 원망하게 됩니다. 안타깝지만 결국 자업자득인 셈입니다.

한편으로 제품을 판매하고서도 장부에 매출을 올리지 않고 세금계산서도 발행하지 않는 경우가 있습니다. 매출을 실제보다 줄이게 되면 이익이 줄어들게 되고 따라서 납부해야 할 세금도 줄어듭니다. 그래서 세금을 줄이고 싶은 유혹을 이기지 못해 세금계산서를 발행하지 않고도 제품을 판매할 수 있는 방법을 모색하는 사람들도 있습니다. 매출을 기록하지 않거나 가짜 세금계산서를 받는 일 모두 세무조사에서 상당히 중하게 다뤄지는 경우들입니다. 이런 일은 아예 하지 않는 것이 가장 이익이라고 생각합니다.

끼워맞추려다가 더 큰 낭패를 볼 수 있다

'가공' 거래의 문제점은 여기서 그치지 않습니다. 한 번의 결정이

꼬리에 꼬리를 물고 연쇄반응을 낳습니다. 제품을 판매해놓고 매출을 장부에 올리지 않았다고 칩시다(흔히 이를 '매출누락'이라고 부릅니다). 그럼 제품수불부의 제품 출고 수량과 맞지 않을 겁니다. 그래서 제품 출고 수량과 맞추려고 제품 입고와 출고를 아예 기록하지 않습니다. 그랬더니 원재료수불부에서 제품 제조를 위해 출고한 수량과 제품이 완성된 수량까지도 맞지 않게 됩니다. 이렇게 모든 것이 앞뒤가 맞지 않으니 경영자는 '재고수불부를 왜 만들지?' 하는 생각을 하게 될 수도 있습니다. 그러나 이런 생각까지 하게 된다는 것은 경영 의사결정에 필수적인 내부 관리 정보를 포기하는 것과 같습니다. 결국 기업의 성장을 포기하는 것과 다를 바가 없는 것입니다.

유통업의 경우도 상품 판매액을 줄이고자 하면 역시 상품수불부에서 상품 매입과 출고를 누락시켜야 하고 그러자면 거래처에서 공급받는 세금계산서까지 건드리게 됩니다. 이런 일이 연쇄적으로 공급하는 사람과 공급받는 사람 사이에 일어나면 중간에 끼인 업자는 '먹고살기 위해' 어쩔 수 없이 매입과 매출을 조정해야 할 것이고요.

모든 것이 경영자의 머릿속에서 관리되는 사업 수준은 한계가 있기 마련입니다. 회사의 수준이 그 한계를 넘어서 버려 회사의 제품과 재공품, 원재료 관리가 엉망이 되면 적정 마진이 얼마인지도 모른 채 회사를 꾸려갈지도 모릅니다. 또 각종 의사결정의 지침이 없는 것이나 마찬가지이므로 실패할 확률도 그만큼 높아질 것이고요.

매출이 늘면 자동적으로 이익이 늘어나는 것은 당연한 일입니다. 하지만 내부관리가 잘못되면 아무리 많은 이익도 허상으로 끝나버릴 수 있습니다. 이익의 대부분이 쓸데없는 재고자산에 들어가 있거나,

재고자산을 실제 확인해보니 있지도 않은 것이었다면 얼마나 허탈한 일이겠습니다. 더군다나 그 사실을 경영자가 모르고 있다면 그 기업의 미래는 안개 속에서 헤매고 있는 나그네와 하등 다를 바가 없습니다.

많은 경영자들이 세금을 '불필요한 비용, 아까운 비용'으로 간주합니다. 인건비를 매우 아까워하는 경우도 많습니다. 눈에 보이는 원자재, 부자재, 공장시설 등에 대해서는 흔쾌히 돈을 지불하면서 눈에 보이지 않는 것에 대해서는 많이 아까워하는 것 같습니다. 그러나 사실 눈에 보이지 않는 것들이 훨씬 더 자신의 사업에 영향을 끼치는 경우가 많습니다. 자신의 사업을 도와주고 있는 직원들에 대한 비용이나 국가에 대해 세금을 납부해야 하는 의무 등이 사업의 성패에 큰 영향을 줄 수 있습니다.

09

모든 것은
현금으로 귀결된다

Q 상품 도매업종의 자영업자입니다. 세무사무실을 이용하니, 솔직히 저도 회계에 대해서는 잘 모르고 채용한 경리 직원도 전표정리나 은행업무 같은 일만 합니다. 좀 더 알아야겠다 싶어서 회계 동영상 강의도 들어봤는데 업무에 반영하기에는 한계가 있는 것 같네요. 지금 반기결산으로 세무사무실과 자료를 맞추고, 중간 결산 재무제표를 받았습니다. 그런데 재무제표를 보니 그 표들이 복잡하기만 하고 어떤 원리에 의해 만들어졌는지 알 수가 없습니다. 재무제표와 관련해서 개략적인 원리를 알 수 있을까요?

A 사업을 하려면 재무제표의 이해가 필수적입니다. 오가는 돈의 단위가 작은 가정에서도 가계부를 쓰면서 수입과 지출을 점검하는데 하물며 큰 사업을 하는 사람들이야 더 말할 필요가 없을 것입니다. 그렇다고 너무 고민할 필요는 없습니다. 매일 내가 직접 콩나물 가격까지 적어 넣어야 하는 가계부와 달리 재무제표는 회계 업무를 전담하는 전문가들이 맡아서 작성해줄 테니까요. 사업자

는 그 사람들이 작성해준 재무제표를 보고 이해하기만 하면 됩니다.

앞에서 우리는 예로 든 몇 가지 상황을 자료 삼아 아주 간단한 손익계산서와 재무상태표를 만들어보았습니다. 사실 재무제표에 대해 제대로 설명하려면 책 한 권으로도 모자랄 것입니다. 그래서 이미 시중에는 '재무제표의 독법'을 가르쳐주려는 책들이 아주 많이 나와 있습니다. 그러나 앞에서도 말했듯 간단하게 생각하면 모든 것은 현금으로 귀결됩니다. 우리가 어렵게 생각하는 재무제표도 결국에는 모든 것이 현금으로 귀결되는 과정을 보여주는 표에 불과합니다.

아름다운 그림을 그리는 데는 뛰어난 예술성과 창의력, 많은 시간의 연습이 필요하지만 그 예술품을 감상하는 데는 그리 많은 연습이 필요치 않습니다. 물리적으로 볼 수 있는 눈만 있다면 평범한 사람들도 기분 좋게 그림을 감상할 수 있겠지요. 재무제표도 이와 비슷하다고 생각합니다. 물론 예술품에 대한 이해도나 예술품으로 인해 받는 감동은 사람마다, 그 사람의 지식이나 감수성에 따라 다를 것입니다. 재무제표 역시 이용자의 지식에 따라 이해도가 다를 것입니다. 그러나 재무제표의 큰 틀을 이해하는 것은 누구에게나 대단히 어려운 일이 아닙니다. 재무제표를 직접 작성하고 공표하는 전문적인 일을 하는 사람이 아니라면 굳이 그 복잡한 회계 원리를 다 이해하고 있어야 할 필요도 없습니다. 우리가 그림을 감상하기 위해서 그림 그리는 것을 배우러 미술학원에 갈 필요가 없듯이 말입니다. 그림을 색칠한 물감이 어떤 것인지 알지 못해도 그림의 내용을 대충 알 수 있듯 재무제표도 몇 가지 기본 개념만 알고 있으면 대략의 중요한 모양을 알 수 있습니다. 더구나 그 몇 가지 기본 개념은 자전거 배우는 것보다 훨씬 배우기가 쉽습니다!

가장 기본이 되는 재무상태표

우리나라의 회계 기준에 따르면 기본 재무제표에는 재무상태표, 손익계산서, 현금흐름표, 자본변동표 등 네 가지가 있습니다. 과거에는 이익잉여금처분계산서라는 것도 있었는데 '자본변동표'가 그 자리를 대신했습니다. 이 네 가지 표 중 재무상태표를 제외한 나머지 세 가지 표는 재무상태표를 구성하는 일부 항목을 설명하기 위한 이른바 '백 데이터'라고 보면 됩니다.

자본변동표는 말 그대로 자본의 변동 내용을 상세히 알리는 것이 목적입니다. 사업체의 자산은 부채와 자본을 모두 합친 금액을 말하는데, 자본변동표는 부채와 자본 중에서 자본의 변동 내용만을 보는 것입니다. 손익계산서는 자본변동표의 일부인 이익잉여금을 증가시키는(혹은 감소시키는) 당기순이익 또는 순손실을 설명하는 표입니다. 현금흐름표는 역시 재무상태표에 표시되어 있는 현금이 어떻게 변동되었는지를 표시합니다.

재무제표 중에서 가장 기본이 되는 표는 당연히 재무상태표입니다. 재무상태표는 어느 특정한 시점의 재산 상태를 보여주기 위해 만드는 표입니다. 여기서 중요한 것은 '어느 특정한 시점'입니다. 반드시 연말이나 월말이어야 할 필요는 없습니다. 몇 년 몇 월 며칠이든 그 시점의 재무상태표를 만들 수 있습니다. 적어도 이론적으로는 그렇습니다. 예를 들어 2014년 2월 말에 2013년 12월 31일 기준으로 작성된 자기 회사의 재무상태표를 보면서 '여기에는 예금이 이렇게 많은데 왜 회사 통장에는 돈이 없지?'라고 고민하면 안 된다는 겁니다. 그 재무상태표는 그때의 상황을 나타내는 표이지 현재의 상태를 나타내는 표가 아니기 때문입니다. 궁금증에 대한 답을 찾기 위해서는 2014년이 시작된 후 2월 말까지 돈이 어떻게 들어오고 나갔는가를 따져야 합니다.

고려해야 할 시간차를 줄이기 위해서 기업들은 많은 노력들을 기울이고 있습니다. 장부 정리를 해서 재무상태표를 만드는 데 시간이 많이 걸리면 아무래도 회사의 재정 상태를 알고 의사결정을 빠르게 하는 데 지장이 생기기 때문입니다. 손익계산서도 마찬가지입니다. 경영자들은 해가 바뀌는 즉시 지난해 실적이 어땠을까 궁금해하며 손익계산서 작성을 재촉합니다. 최대한 지난 실적을 빨리 뽑아서 올해 경영 계획을 세우고 싶기 때문입니다.

재무상태표는 어떻게 생겼을까요? 간단히 표로 나타내보면 아래와 같습니다.

재무상태표

(201X년 12월 31일 현재)

| 자 산 | 부 채 |
| | 자 본 |

앞서 21페이지에서 보았던 재무상태표는 일반적으로 흔히 사용하는 형식인 '보고식'이고 앞 페이지의 표는 '계정식' 재무상태표 형식입니다.

'보고식' 재무상태표는 자산에 관한 내용을 먼저 계정과목과 금액으로 나누어 세로로 계속 나열하다가 더 이상 나열할 게 없으면 자산 총계를 계산해서 적어둡니다. 그 다음 부채와 자본에 관하여, 부채와 관련된 계정과목과 금액을 세로로 나열하고 부채 총계를 계산하여 기록하고 그 다음에 자본과 관련된 계정과목과 금액을 같은 방식으로 나열하고 총계를 계산합니다. 마지막으로 부채의 합계와 자본 합계를 더해보면 그 금액은 자산 총계와 일치하게 됩니다.

계정식 재무상태표는 보고식과는 달리 자산을 왼쪽에 적고 부채와 자본을 오른쪽에 기록하여 그 크기를 시각적으로 쉽게 비교할 수 있도록 만드는 방식입니다. 앞의 보고식과 내용은 똑같은데 표의 배열을 조금 달리 한 것뿐입니다. 위의 표를 얼른 보아도 우리는 계정식 재무상태표에서 부채와 자본의 합계가 자산의 크기와 같다는 것을 쉽게 알 수 있습니다. 여기서 자산을 차변이라고 하고, 부채와 자본의 합은 대변이라고 합니다.

재무상태표를 잘 이해하면 나머지 세 가지 표는 재무상태표에 암묵적으로 녹아들어 있다는 것을 알 수 있습니다(현금흐름표는 약간 다른 점이 있긴 합니다). 앞의 표를 통해 짐작할 수 있듯 재무상태표에서 자산의 크기와 부채 및 자본의 크기는 항상 같습니다. 21페이지에 있는 재무상태표에서도 자산 합계 2만 원과 부채와 자본 합계 2만 원은 똑같은 걸 알 수 있습니다. 이 세상에 자산 합계와 부채 및 자본

합계가 다른 재무상태표는 존재하지 않습니다. 물론 잘못 작성된 것은 빼고요. 이유가 무엇일까요?

차변과 대변이라는 약속

회계는 각종 경제적 거래를 표현하는 언어입니다. 우리들이 말할 때 사용하는 언어처럼 관습적으로 몇백 년 동안 형성되어온 일종의 '약속'이기도 합니다. 그 약속 중 가장 중요한 것은 '차변'과 '대변'이라는 약속입니다.

장난감 블록이 있다고 가정해봅시다. 자, 이제 아주 커다란 통 두 개를 준비해서 하나를 '차변'이라고 부르기로 하고 다른 하나를 '대변'이라 부르기로 합니다. 그리고 어떤 경제적인 거래가 일어날 때마다 그 거래의 크기만큼 블록을 두 개의 통에 각각 넣어야 합니다. 1만 원어치의 거래가 일어나면 차변 통에 1만 원어치의 블록을 넣고 동시에 대변 통에도 똑같이 1만 원어치의 블록을 넣어야 합니다. 대변 통이라고 하니까 어감이 좀 이상하지만 그렇게 쓰도록 합니다.

어느 해 사업을 시작한 날부터 거래가 일어날 때마다 단순하게 두 개의 통에 똑같은 양의 블록을 집어넣습니다. 거래가 일어날 때마다 계속 집어넣습니다. 절대 한쪽에만 집어넣으면 안 됩니다. 그건 약속을 어기는 일이니까요. 똑같은 숫자를 계속 집어넣다가 12월 31일이 지나서 두 통의 무게를 재보면 어떤 결과가 나올까요? 당연히 두 통의 무게가 똑같습니다. 이것은 어린 아이들도 쉽게 이해할 수 있는 결과입니다. 좀 무리가 있긴 하지만 이 두 통을 나란히 붙여놓고 '재무상태표'라고 우겨보면 어떨까요?

사실 블록을 담은 두 통의 본질은 우리가 쓰고 있는 재무상태표와 아주 비슷합니다. 위에서 말한 것처럼 두 통을 단순히 붙여놓은 것을 회계실무에서는 '합계잔액시산표'라고 부릅니다. 하지만 처음부터 너무 복잡한 개념까지 들먹이면 피곤하니까 여기선 그냥 넘어가도록 합니다. 중요한 것은 재무상태표의 자산 합계와 부채 및 자본의 합계가 일치하는 것은 거래를 표시하는 방식에 대한 약속 때문이지 무슨 거창한 원리 때문이 아니라는 점입니다.

$$자산(차변) = 부채 + 자본(대변)$$

위에서도 잠깐 살펴보았듯 재무상태표의 차변은 '자산'을 표시하는 자리입니다. 자산이란 우리가 흔히 말하는 '재산'의 개념에 가까운 것들이지요. 현금, 남에게 받을 채권, 땅과 건물 등 우리들이 일상생활에서 쉽게 재산으로 파악할 수 있는 것들입니다. 그리고 이런 것들의 금액을 차변에 표시하기로 약속한 것이지요. 이런 재산은 외부에서도 쉽게 알아볼 수 있기 때문에 여기서 이것을 재무상태표의 '앞'이라고 부르기로 합니다.

어떤 사람이 외제차를 타고 어마어마하게 큰 아파트에 살며 경기도 어디에 큰 땅을 가지고 있다고 동창회에 나가서 뻐기듯 자랑을 하면 대부분의 사람들은 그 사람을 부자라고 생각할 것입니다. 이때 그 외제차, 아파트, 큰 땅 등이 그 사람의 '자산'입니다. 또 자산은 외부에서도 쉽게 알 수 있는 특성이 있습니다. 그래서 재무상태표의 '앞'

자리를 차지하는 것입니다.

한편 재무상태표의 대변은 '부채'와 '자본'의 집이라고 할 수 있습니다. 동창회에 온 다른 동창이 그 부자가 자리를 뜬 틈을 타서 그의 빚이 엄청나게 많다는 말을 슬쩍 흘린다고 가정해볼까요? 가진 재산은 본인의 말로 미루어보아 10억 원 정도 되는 것 같습니다. 하지만 그의 빚이 얼마인지는 아무도 모릅니다. 재산보다 많을 수도 있고 9억 원일 수도 있으며 3억 원일 수도 있습니다. 그러니 그가 사실 얼마나 부자인지는 아무도 알 수가 없습니다. 그런 의미에서 부채와 자본을 재무상태표의 '뒤'라고 부르기로 합니다. '뒤'는 일부러 들여다보고 조사해보지 않는 이상 잘 알 수가 없으니까요. 재무상태표의 '뒤'는 재무상태표의 앞이 어떤 내용으로 구성되어 있는지 설명하는 역할도 합니다. 앞에 있는 자산이 100억 원이라도 뒤를 들여다보니 부채가 99억 원이면 한심스러운 상황이 아닐 수 없겠지요.

즉 자산은 100억 원이지만 부채가 99억 원에 자본이 1억 원일 경우 이 사람의 자산 100억 원은 부채 99억 원과 자본(자기 밑천) 1억 원으로 이루어져 있는 것입니다. 이렇게 상식적인 개념을 표현하는 데 회계는 아주 유용합니다.

손익계산서로 알 수 있는 당기순이익과 당기순손실

손익계산서는 일정 기간 동안 어떤 기업의 경영 성과를 나타내는 표입니다. 즉 기간이 정해져 있는 표입니다. 예를 들면 2014년 1월 1일부터 2014년 12월 31일까지, 혹은 2014년 3월 12일부터 2014년 4

월 5일까지 등 일정 기간 동안의 손익계산서를 작성할 수 있습니다. 그러나 2014년 12월 31일 '현재'의 손익계산서는 존재하지 않습니다. 손익계산서는 일정 기간 동안의 성과를 나타내기 위한 표이기 때문입니다. 그러니까 재무상태표는 '시점spot'의 개념이고 손익계산서는 '기간period'의 개념입니다.

이 손익계산서의 결과는 당기순이익이나 당기순손실로 나타납니다. 그 결과는 그대로 재무상태표의 대변에 자리한 '자본' 란에 반영되어 재무상태표의 차변과 대변이 일치하도록 하는 역할을 합니다.

재무상태표에서는 자산의 집을 차변으로 하고 부채와 자본의 집을 대변으로 했습니다. 그런데 손익계산서에서는 '비용'의 집을 차변으로 하고 '수익'의 집은 대변으로 합니다. 즉 비용이 발생하면 차변에 기록하고 수익이 발생하면 대변에 기록하는 식입니다. 왜 그렇게 약속을 했을까요?

이 또한 상식적입니다. 예를 들어 거래처에 가느라고 택시비를 지불했습니다. 그럼 비용이 발생한 것이지요. 이는 '현금이 지출'되거나 '현금을 지급할 의무'를 지게 된다는 뜻입니다. 그리고 현금의 지출은 곧 자산의 감소를 의미합니다. 즉, '현금이 집을 나간 것'이지요. 그래서 대변에 있는 현금은 집 안에 있던 자식이 집 밖으로 나갔다는 의미입니다. 이때 현금이 집 밖으로 나간 이유를 '비용'이라고 이름을 붙이고 차변에 기록합니다.

지금 당장 현금이 나가지 않고 택시비를 카드로 결제하거나 하여 나중에 주기로 한 경우는 어떨까요? 이 경우는 조금 다릅니다. 그것은 장래에 현금을 지급할 의무(카드 결제)를 뜻하므로 부채가 됩니다.

부채가 늘어난 것입니다. 무엇이든지 늘어나는 것은 제 집에다가 기록을 합니다. 그러므로 대변에 부채를 기록합니다. 물론 부채가 늘어난 이유도 기록합니다. 이 경우도 '비용'이 발생했으므로 차변에 비용이 기록되겠지요. 비용의 집은 차변이고 비용이 늘어났으므로 당연히 제 집에 기록을 해야 하는 것이지요.

이와 같이 '수익'과 '비용'은 자산이나 부채가 증가 또는 감소하는 '이유'입니다. 따라서 손익계산서는 아주 많은 '이유'들을 집합시켜 작성해놓은 표입니다. 그리고 그 이유들은 자산이나 부채가 줄어들거나 늘어나는 것을 기록하는 곳의 반대편에 기록하게 됩니다.

비용이 증가하고 자산이 감소하거나 부채가 증가할 때

비용의 증가(차변)		자산의 감소 부채의 증가(대변)		거래의 내용
여비 교통비	10,000	현금	10,000	현금으로 택시비 1만 원을 지불
여비 교통비	20,000	미지급금	20,000	카드로 택시비 지불
복리후생비	50,000	미지급금	50,000	카드로 직원 회식비 지급

위 표와 같이 비용이 발생하면 비용의 집은 차변이므로 차변에 기록하고, 그 비용을 현금으로 지불했다면 현금(자산)이 감소했으므로 현금의 집인 차변의 반대편인 대변에 기록합니다. 현금이 아닌 신용카드로 지불한 거래의 경우에도 미래의 카드 결제일에 지급해야 할 부채가 증가했으므로 부채의 집인 대변에 그 금액을 기록합니다.

수익이 증가하고 자산이 증가하거나 부채가 감소할 때

자산의 증가 부채의 감소(차변)		수익의 증가(대변)		거래의 내용
매출채권	10,000	매출	10,000	1만 원짜리 상품을 외상으로 판매
현금	20,000	이자수익	20,000	은행이자 2만 원 수령
미지급금	50,000	매출	50,000	지급할 채무 5만 원을 물건으로 대신 지급

수익이 발생하면 수익의 집은 대변이므로 대변에 기록하고 그 수익으로 인해 자산이 늘어나면 자산의 집은 차변이므로 자연스럽게 차변에 늘어난 자산 금액을 기록합니다. 수익이 발생해서 부채가 줄어들면 수익은 대변에 기입하고, 부채는 집은 대변이지만 '감소'했으므로 그 반대편인 차변에 기록합니다.

자산이 증가하고 부채 또는 자본은 증가할 때

자산의 증가(차변)		부채 또는 자본의 증가 (대변)		거래의 내용
예금	10,000	단기차입금	10,000	은행으로부터 1만 원을 차입
예금	20,000	자본금	20,000	자본금 2만 원을 납입
재고자산	50,000	외상매입금	50,000	재고자산을 외상으로 매입

손익계산서와는 상관이 없지만 자산과 부채 또는 자본이 동시에 증가하는 거래도 있습니다. 앞서 말한 바와 같이 '증가'하는 것은 자기 자리에 기록을 하면 됩니다. 즉 자산의 증가는 차변에, 부채나 자본의 증가는 대변에 기록하면 되겠지요.

이와는 반대로 자산이 감소하고 부채나 자본 또한 감소하는 거래가 있습니다. 즉 예금 계좌에 있는 돈으로 은행차입금을 갚았다면 자산(예금)이 감소하고 부채(단기차입금)도 감소했으므로 자산의 감소는 대변에, 부채의 감소는 차변에 기록합니다. 또 예금 계좌에 있는 돈으로 배당금을 지급했다면 자산(예금)이 감소하고 자본(이익잉여금)도 감소했으므로 자산의 감소는 대변에, 자본(이익잉여금)의 감소는 차변에 기록을 합니다.

이런 식으로 여러 가지 거래를 기록하게 되는데 기본 원칙은 '증가하면 자기 집에, 감소하면 자기 집 반대편에' 기록한다는 것입니다.

Note 재무상태표와 손익계산서 만들기

수작업으로 손익계산서와 재무상태표를 만들어볼 수도 있습니다. 우선 21쪽에서 살펴본 표의 예를 가지고 만들어보도록 하지요.

21쪽의 표를 처음부터 다시 블록을 사용해서 만들어보겠습니다. 앞서 말한 것처럼 차변 통과 대변 통을 준비합니다. 블록도 여러 개 준비합니다. 자, 심호흡을 하고 '이제부터 사업을 해야겠다'라고 결심을 합니다. 주머니를 뒤져보니 1만 원이 있습니다. 그 1만 원으로 사업을 해야겠다고 마음먹은 순간 거래가 일어납니다. 그 거래는 자연인인 '나'와 '사업가'인 나와의 거래입니다. 그리고 그 거래는 블록으로 표현합니다. 블록 하나를 1만 원으로 간주합니다.

블록 하나에 '현금'이라고 적고 차변 통에 넣습니다. 왜냐하면 현금은 자신이 가진 자산이기 때문입니다. 다른 블록 하나에 이번에는 '자본금'이라고 쓰고 대변 통에 넣습니다. 방금 차변 통에 넣은 블록 하나를 설명하는 블록입니다. 남에게 빌려온 돈이 아니기 때문에 '자본금'으로 표시했습니다. 일단 통 안에 블록을 넣은 후에는 블록이 뒤집어져 있든, 옆으로 누워 있든 신경 쓰지 않기로 합니다.

이것을 간단히 표로 나타내면 다음과 같습니다.

차변 통		대변 통	
현금	10,000	자본금	10,000

무슨 사업을 할까 고민하다가 슈퍼마켓을 운영하는 친구 생각이 생각났습니다. 건빵을 좋아하는 우리의 주인공은 건빵 제조업체로부터 건빵을 사다가 친구가 하는 슈퍼마켓에 납품하기로 합니다. 그래서 일단 건빵 공장에 가서 건빵 1만 원어치를 샀습니다. 그리고 블록 두 개를 통에 더 집어넣습니다. '상품'이라고 쓴 블록 하나는 차변 통에, '현금'이라고 쓴 블록 하나는 대변 통에 넣습니다. '상품'은 내게 들어온 자산이므로 차변 통에 넣어야 하지만 그 상품을 구입하는 대가로 현금 1만 원을 줬기 때문에 이번에는 '현금'이라고 쓴 블록을 차변의 반대인 대변 통에 넣는 것입니다. 자산은 차변에 표시하지만 자산이 줄어드는 거래는 반대편인 대변에 표시하기 때문이지요.

차변 통		대변 통	
현금	10,000	자본금	10,000
상품	10,000	현금	10,000

계속해볼까요? 1만 원을 주고 산 건빵을 친구에게 2만 원을 받고 팝니다. 그러면 건빵 1만 원어치가 줄어든 대신에 받을 돈 2만 원이 새로 생겼습니다. 그러면 블록 두 개에 '매출채권'(받을 돈)이라고 쓰고 차변 통에 넣습니다. 매출채권은 내가 남에게 받을 권리가 있는 재산이기 때문에 자산에 해당됩니다. 그리고 '매출'이라고 쓴 블록 두 개를 만들어 대변 통에 넣습니다. 나중에 다시 설명하겠지만 매출은 '수익'이고 수익은 대변에 쓰기로

약속되어 있기 때문입니다. 그러니까 매출채권이 생긴 원천은 매출을 통해서였다는 걸 보여주는 블록인 것입니다.

차변 통		대변 통	
현금	10,000	자본금	10,000
상품	10,000	현금	10,000
매출채권	10,000	매출	10,000
매출채권	10,000	매출	10,000

또 할 것이 있습니다. 있던 건빵을 팔았으므로 건빵(자산)이 줄어들었습니다. 자산이 줄어들었으므로 대변 통에 블록을 넣어야겠죠? 그래서 '상품' 블록을 차변의 반대인 대변 통에 넣고, 다른 블록을 집어들어 '매출원가'라고 쓴 다음 차변 통에 넣습니다. 역시 나중에 설명하겠지만 매출원가는 '비용'이고 비용은 차변에 쓰기로 약속되어 있기 때문입니다.

차변 통		대변 통	
현금	10,000	자본금	10,000
상품	10,000	현금	10,000
매출채권	10,000	매출	10,000
매출채권	10,000	매출	10,000
매출원가	10,000	상품	10,000

며칠 후에 친구가 건빵 값 중 1만 원을 줍니다. 1만 원은 일주일 후에 주겠다는 약속도 잊지 않습니다. 그러면 현금 1만 원이 자산으로 늘었으니 또 '현금' 블록 하나를 차변 통에 넣습니다. 매출채권은 1만 원 줄었으니 블록 하나에 '매출채권'이라 쓰고 대변 통에 넣습니다. 자산의 감소는 대변 통에 넣어야 하니까요.

차변 통			대변 통		
현금	재	10,000	자본금	재	10,000
상품	재	10,000	현금	재	10,000
매출채권	재	10,000	매출	손	10,000
매출채권	재	10,000	매출	손	10,000
매출원가	손	10,000	상품	재	10,000
현금	재	10,000	매출채권	재	10,000

여기까지입니다. 위의 표가 지금까지 통에 넣은 블록의 합입니다. 당연히 차변 통의 합계와 대변 통의 합계는 6만 원으로 동일합니다.

이제 위의 블록들을 재배치해서 합계잔액시산표를 만들어볼까요? 여기서 '합계'란 각 계정과목 별로 차변합계와 대변합계를 산출한 금액이고 '잔액'이란 각 계정과목의 차변합계와 대변합계를 상계시킨 뒤에 남은 금액을 말합니다.
이 '잔액'은 반드시 각 계정과목의 '자신의 집' 쪽에 남게 됩니다. 즉 현금이나 매출채권은 자산이므로 그 잔액이 차변에 남고, 자본금이나 매출 등은 자기 집이 대변이므로 그 잔액이 대변에 남게 되는 것입니다. 이 합계잔액시산표는 각종 재무제표를 작성하는 기본 토대가 됩니다.

합계잔액시산표

차변 통			계정과목	대변 통	
잔액	합계			합계	잔액
10,000	20,000	재	현금	10,000	
10,000	20,000	재	매출채권	10,000	
	10,000	재	상품	10,000	
		재	자본금	10,000	10,000

				손	매출	20,000	20,000
		10,000	손	매출원가		
20,000	60,000			합계	60,000	20,000

2부

어떻게 이익을 꾀할 것인가
– 회사에 이익을 가져오는 회계 관리의 비밀

회계장부를 세금계산서나 각종 증빙에 따라 정확히 작성한다고 회사의 이익이 늘어나지는 않습니다. 다만 부정확하고 부실하게 장부를 작성하는 경우보다는 자기의 사업에서 이익이 나는지 손실이 나는지 더 잘 알 수 있겠죠.

따라서 '회계를 투명하게 열심히 관리한다'는 것은 두 가지 측면에서 생각해봐야 합니다. 먼저 각종 장부를 정확히 기록하면 사업의 현황에 대해 '신속'하고 '정확'하게 알 수 있습니다. 둘째로는 이러한 정확한 정보를 통해 더 나은 관리를 할 수 있고 이 과정에서 '새로운 이익'이 창출될 수 있습니다.

10

원가계산이
경영의 핵심이다

Q 제품을 생산하여 판매하는 데 제품 한 개에 원가가 얼마가 들어갔는지, 지금 판매되고 있는 가격이 과연 적당한 가격인지 뚜렷한 감이 잡히지 않습니다. 물론 원재료비보다 훨씬 더 높은 가격에 팔고는 있지만 공장 임차료, 직원들 인건비 등등 기타의 비용들을 모두 감당하고도 남는 금액이 있을지 확신할 수는 없는 상태입니다. 원가를 정확히 측정할 수 있는 방법이 있을까요?

A 원가계산은 그 자체가 대학 강의의 한 과목이 될 만큼 복잡하고 어렵습니다. 그리고 경영자나 관리자가 반드시 원가계산을 어떻게 해야 하는지 알아야 할 필요도 없습니다. 하지만 기업마다 원가계산을 전담할 담당자는 꼭 있어야 합니다. 원가계산이란 제품 생산에 돈이 얼마나 들어갔는지를 계산하는 일입니다. 그리고 그 원가가 계산되어야 회사의 기본적인 이익을 계산할 수 있습니다.

실제로 원재료비를 대충 어림잡아 계산하여 함부로 세일을 하는 사장님을 본 적이 있습니다. 자기 제품의 원재료가 대충 100만 원쯤 될 것이라고 결론을 내리고서 원래 500만 원에 팔던 제품을 회사 사정이 조금만 안 좋아 돈이 급하면 마구 깎아주었지요. 아마 꼼꼼히 따져보았다면 사장님의 짐작보다 훨씬 많은 돈이 원재료비로 들어갔을 겁니다. 누가 알겠습니까? 그렇게 마구 깎아 팔다가 나중에 밑진 장사였다는 것을 알고 땅을 치며 후회를 할지! 이렇게 원가에 대한 개념이 부족한 경우 최소한 얼마의 가격을 받아야 하는지 감이 잡히지 않아 애써 만든 물건을 생각지도 않게 염가에 처분해버리는 결과를 낳을 수도 있습니다.

이런 상황들에 대해 자세히 설명해줄 수 있는 훌륭한 이론들이 많고 대학에서도 이에 관한 강의가 많이 있다고 알고 있습니다. 따라서 여기서는 원가가 무엇인지, 그 개념에 대해서 간략하게만 살펴보도록 하겠습니다.

원가로 처리할까, 비용으로 처리할까?

제품원가란 직접적이든 간접적이든 제품을 생산하는 데 소요된 비용을 말합니다. 그래서 그런 비용이 발생할 때는 곧바로 손익계산서에 비용으로 기록하지 않고 일단 재무상태표의 '재고자산' 항목에 적어 넣습니다. 일종의 재산(상품, 제품 등) 형성에 투입한 비용이므로 즉시 비용으로 처리하지 않고 그 물건이 팔릴 때까지 기다렸다가 비용으로 처리하는 것입니다. 그런데 이때 발생한 총 비용을 단위당 상품이나 제품에 얼마만큼씩 할당할 것인가 하는 문제가 남습니다. 다시 말해 전체 비용 중에서 각 상품 및 제품에 들어간 비용이 얼마나 되는지를 알아야 하는 것이지요. 이 문제를 해결해주는 방법이 바로 '원가계산'입니다. 단위당 재고자산에 할당될 금액, 즉 단위당 원가를 계산하는 것입니다.

그런데 주의해야 할 점이 있습니다. 원가에 포함시켜야 할 비용 항목과 손익계산서에서 즉시 비용처리할 항목을 구분해야 하는 것이지요. 예를 들어 상품을 매입하는 데 든 금액은 당연히 상품원가로 처리되어야 합니다. 따라서 그 상품이 팔리지 않을 동안에는 비용처리가 되지 않습니다. 그 상품이 팔릴 때까지 비용처리가 연기되는 것입니다.

그런데 그렇게 하지 않고 일부 금액을 비용으로 처리해버리면 어떻게 될까요? 총 매입비용이 100만 원인 어떤 상품이 있습니다. 총 매입비용 중 10만 원은 운반비였습니다. 담당자가 이 운반비 10만 원을 즉시 비용처리가 되는 손익계산서의 항목에 집어넣었습니다. 당연히 상품의 원가는 90만 원으로 기록되겠지요. 이제 그 상품이 팔리지 않고 있다면 재무상태표에 자산으로 표시된 금액은 90만 원이 될 것입니다. 10만 원은 손익계산서에서 비용으로 처리되었으니까요. 100만 원으로 적혀야 할 금액이 90만 원으로 적히고 나머지 10만 원은 손익계산서에서 비용으로 처리되었습니다. 그래서 결국 그 해의 당기순이익은 실제보다 10만 원 적어지고 맙니다.

반대로 손익계산서에서 즉시 비용처리가 되어야 할 금액을 재고자산을 취득하는 데 쓴 원가로 구분해버리면 어떤 결과가 나타날까요? 예를 들어 영업부서에서 1박 2일로 전체 야유회를 갔는데 1,000

만 원이 들어갔다고 칩시다. 영업부서의 야유회는 제품 제조와는 전혀 관련이 없으므로 '판매비와 관리비'로 분류해 즉시 손익계산서에서 비용처리해야 합니다. 그런데 이 금액을 제품 생산에 소요된 금액, 즉 제조비용으로 회계처리할 경우 제품의 원가계산에 이 금액까지 포함됩니다.

당기에 제품 1,000개를 만들었다면 제품 한 개당 영업부서 야유회 비용 1만 원이 할당될 것입니다. 그러므로 그 1,000개의 제품 중에서 900개가 당기에 판매되었다면 100개가 회사에 남아 있을 것이고 그 100개에는 영업부서 야유회 비용 100만 원이 포함되어 있을 것입니다. 이 말은 만약에 제대로 회계처리를 하여 영업부서 비용을 '판매비와 관리비'로 처리했다면 당기에 1,000만 원이 비용으로 분류될 수 있을 텐데 '제조비용'으로 기록하는 바람에 900만 원만 당기의 비용으로 처리된다는 뜻입니다. 나머지 100만 원은 제품 100개에 묻혀서 재무상태표의 재고자산으로 들어갑니다. 즉 비용처리되지 않고 회사의 자산으로 남게 되는 것이지요. 이것을 보통 '재고자산의 과대계상'이라고 부릅니다. 그 결과 회사의 이익이 실제보다 100만 원 부풀려지고 회사의 자산도 실제보다 100만 원 부풀려지게 됩니다. 물론 당기에 생산된 제품을 하나도 남김없이 모두 판매했다면 이익의 왜곡은 일어나지 않겠지만 그런 경우는 드물겠지요.

이와 같이 제품 원가계산에 포함될 항목(제조경비)을 결정하는 것은 매우 중요합니다. 그리고 한번 어떤 항목들을 원가에 산입하기로 결정했다면 그 항목들은 '계속적'으로 원가에 반영되어야 합니다. 그래야 회사의 실적이 왜곡되지 않을 테니까요.

제품원가를 구성하는 것들

제품원가를 계산하는 데 포함되는 비용들을 보통 '제조비용'이라고 부릅니다. 여기에는 제품을 만드는 데 직접 소요되는 원자재비, 인건비 등은 물론이고 전력비, 수도요금, 기계장치의 감가상각비 등이 포함됩니다. 아래 표를 보실까요?

제조원가 명세서

(제XX기 201X년 1월 1일부터 201X년 12월 31일까지)

가나다 주식회사 (단위 : 천 원)

과목	금액	
원재료비		2,800,000
기초원재료재고액	200,000	
당기원재료매입액	3,000,000	
타 계정으로 대체액	100,000	
기말원재료재고액	300,000	
노무비		1,820,000
급여	1,600,000	
잡급	100,000	
퇴직급여	120,000	
경비		993,000
복리후생비	180,000	
여비교통비	20,000	
수도광열비	40,000	
접대비	10,000	
지급임차료	100,000	
감가상각비	300,000	

수선비	50,000	
운반비	120,000	
보험료	30,000	
포장비	80,000	
소모품비	20,000	
지급수수료	40,000	
잡비	3,000	
당기총제조비용		5,613,000
기초재공품재고액		400,000
합계		6,013,000
기말재공품재고액		500,000
당기제품제조원가		5,513,000

위 표는 기업에서 흔히 사용하는 제조원가 명세서를 간단하게 만들어본 것입니다. 크게 보면 원재료비와 노무비 그리고 경비로 구분할 수 있습니다.

짐작하시겠지만 원재료비는 제품을 만드는 데 직접 투입된 원재료의 금액입니다. 전기 말에서 이월되어 넘어온 원재료는 '기초원재료재고액'으로 분류하고 당기에 매입한 원재료는 말 그대로 '당기원재료매입액'으로 표시합니다. 기초원재료재고액은 앞에서 살펴본 원재료수불부 중에서 '기초재고' 수량에 해당하는 금액입니다. 당기원재료매입액은 당기에 매입한 수량에 해당하는 금액이겠지요. '타 계정으로 대체액'이라는 것은 제품을 만드는 데 투입하지 않고 시험용이나 기타 목적으로 사용한 원재료 수량의 금액입니다. 그래서 일정 기간의 원재료비는 기초원재료재고액에 당기원재료매입액을 더한 후타 계정으로 대체된 금액과 기말에 남아 있는 재고금액을 빼서 구합니다.

노무비는 당연히 생산 과정에 투입된 인건비를 말하는 것이고 경비는 공장을 가동하는 데 투입된 각종 비용입니다. 보통은 원가계산을 할 때 노무비와 경비를 합쳐 '가공비'라는 이름으로 분류합니다.

이런 경비들을 모두 더하면 당기에 투입된 '총제조비용'이 됩니다.

그럼 '재공품'은 무엇을 말하는 것일까요? 쉽게 얘기하면 만들다가 만 제품을 말합니다. 재공품 비용은 투입된 원재료비와 노무비, 경비 등 가공비를 합리적으로 측정하여 그 금액을 결정합니다.

이제 원가계산에 필요한 여러 항목들이 다 갖추어졌습니다. 계산 방법은 올해 투입한 총 제조비용에 전년도에서 넘어온 재공품의 금액을 더한 다음 그 총액을 각 기말재공품과 제품에 '배부'하면 됩니다. 하지만 기업마다 생산 공정이 다르므로 원가계산 역시 각 기업에 맞는 가장 합리적인 방식을 택하여 꾸준히 적용해야 합니다. 원가계산에 대해 조금 더 구체적으로 자세히 살펴보고 싶은 분들께서는 다음 노트의 내용을 참고하시길 바랍니다.

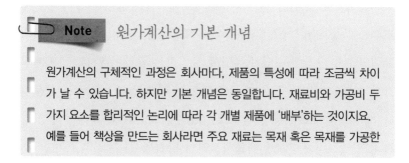

Note 원가계산의 기본 개념

원가계산의 구체적인 과정은 회사마다, 제품의 특성에 따라 조금씩 차이가 날 수 있습니다. 하지만 기본 개념은 동일합니다. 재료비와 가공비 두 가지 요소를 합리적인 논리에 따라 각 개별 제품에 '배부'하는 것이지요. 예를 들어 책상을 만드는 회사라면 주요 재료는 목재 혹은 목재를 가공한 각종 소재일 것입니다. 그리고 그 재료를 규격에 맞게 절단하고 조립하기 위해 다시 인건비와 전기료 등이 추가되겠지요.

원가계산은 책상 한 개당 재료비가 얼마 들었고 인건비와 기타 경비가 얼마 투입되었는가를 결정하는 일입니다. 똑같은 모양의 책상만 만든다면 재료비도 인건비도 동일할 것이므로 책상 한 개당 똑같은 금액의 재료비와 인건비를 배부하면 되겠지만, 대부분은 한 공장에서 여러 가지 모델을 생산하므로 모델별로 금액이 다 달라질 것입니다.

1. 원가 흐름의 가정

원가를 계산할 때는 현실에 가장 가깝다고 생각되는 여러 가지 '가정'이 필요합니다. 위에서 예로 든 책상의 경우 목재 가격이 매일 변하고 수입 목재의 경우 환율도 매일 변합니다. 그러니 창고에 쌓여 있는 목재 중에는 환율이 달러당 1,200원일 때 들여온 목재도 있을 것이고 1,000원일 때 수입한 목재도 있을 것입니다. 환율이 같다 해도 톤당 가격 역시 제각각일 것입니다.

하지만 원가계산을 할 때 '이 책상은 201X년 4월 25일에 통관한 목재로 만들었으니 재료비가 얼마 들었다' 하는 식으로 할 수는 없습니다. 어떤 책상에 얼마짜리 통나무가 들어갔는지 일일이 추적하기란 거의 불가능하니까요. 그래서 기업들은 각기 나름대로 원가에 대해 일정한 가정을 세웁니다.

● 선입선출법

어떤 기업은 책상을 만들 때 먼저 산 목재를 먼저 쓴다는 가정을 세웁니다. 물론 큰 흐름으로 보면 먼저 산 재료를 먼저 쓰겠지만 실제 제조공정에서 반드시 구입 순서대로 재료를 쓰지는 않을 겁니다. 그러나 장부상 재료의 입출을 금액으로 계산할 때는 먼저 사온 것을 먼저 쓴 것으로 계산합니다. 그 방식을 선입선출법이라고 부릅니다. 기말에 남아 있는 재고는 실제 재료의 구입 시기와는 관계없이 나중에 구입한 것이 남았다고 '가정'하여 재료의 금액을 계산합니다.

그런데 이 방법을 사용하면 재료의 가격이나 환율이 지속적으로 오르는 경우 다른 방법이 비해 기말에 남는 재고금액이 커지게 됩니다. 당연히 당기에 투입된 원가는 더 적게 계산됩니다.

● 후입선출법

이 방식은 선입선출법과 반대되는 방법입니다. 나중에 사온 것을 먼저 썼다고 가정하는 것입니다. 당연히 선입선출법과 반대로 가격이나 환율이 지속적으로 오를 경우 기말에 남는 재고는 더 적게, 투입되는 원가는 더 많게 계산됩니다.

● 총평균법과 이동평균법

총평균법은 일정 기간 동안의 매입금액을 매입수량으로 나눈 평균금액을 계산하여 재고의 금액을 측정합니다. 대부분의 기업들이 이 방식을 선호합니다.

이동평균법은 품목별로 재료를 매입할 때마다 재료의 평균단가를 계산하는 방식입니다. 하지만 대부분의 기업들이 1개월에 한 번, 1분기에 한 번 혹은 1년에 한 번 결산을 하는 만큼 아무래도 각 결산기별로 재고금액을 계산하는 총평균법을 많이 채택하게 됩니다.

특히 규모가 작은 중소기업들은 월별이나 분기별로 손익을 분석할 여력이 없기 때문에 1년에 한 번 원가를 계산하여 재무제표를 작성하는 경우가 많습니다. 당연히 이들 기업에선 총평균법을 채택해야 겠지요.

2. 가공비 배부하기

앞에서 설명한 세 가지 방법 중 하나를 택하여 생산에 투입된 재료의 금액과 기말에 남아 있는 재료의 금액을 계산했다면 이제 그 재료를 가공하는 데 소요된 경비를 계산하여 배부해야 합니다. 이 경우에도 가정이 필요합니다.

한 사람이 A제품을 만들다가 B제품을 만들 수도 있고 한 기계가 여러 가지 제품을 가공할 수도 있습니다. 그래서 인건비나 기계의 감가상각 비를 각 제품별, 모델별로 어떻게 배부할 것인가 하는 문제가 대두됩니다. 사실 이 문제를 해결하자면 각 제품별로 기계의 가동시간, 인원별 작업시간 등을 계산하여 산출해야 할 겁니다. 그러나 실제 대부분의 중소기업들은 그런 복잡한 요소들을 규정하고 원칙을 세울 여력이 없습니다. 따라서 보통의 소규모 기업에서는 생산 수량을 기준으로 삼거나, 생산 수량과 소요 원재료비의 비중 등을 복합적으로 감안해서 배부기준을 결정합니다.

원가계산에서 가장 중요한 것은 환경이나 조건이 변하지 않는 한, 한 번 결정한 방식을 꾸준히 적용해야 한다는 것입니다. 기업 회계 기준이나 세법에서도 재고자산 평가 방법의 변경을 엄격히 제한하고 있습니다. 재고자산의 평가 방법에 따라 기업의 이익이나 손실이 많이 달라질 수 있으므로 이익을 왜곡하는 데 쉽게 이용될 수 있기 때문입니다. 매년 평가 방법을 회사에 유리한 대로 바꾸어서 재무제표를 작성한다면 그 재무제표에 대한 신뢰도는 당연히 낮아질 수밖에 없습니다.

가치가 하락한 재고자산, 어떻게 처리할까?

재고자산의 수량과 금액을 열심히 관리한다고 해도 또 한 가지 남는 문제가 있습니다. 가지고 있는 상품이나 제품의 가치가 하락하는 경우입니다.

사업을 하다 보면 그 가치가 하락되었다고 상식적으로 알 수 있는 재고자산이 발생합니다. 유효기간이 지나버린 식품, 오래 팔리지 않아 유행이 지나버린 의류, 구식이 되어 버린 각종 장비들, 기술 변화로 더 이상 쓰이지 않는 각종 부품 등이 그 예가 될 수 있겠지요. 그런데 특별히 신경 쓰지 않다 보면 그런 재고자산들이 그것을 매입하거나 제작했을 때의 금액 그대로 장부에 기록되어 있을 것입니다.

예를 들어 의류제조업을 하는 회사의 재무상태표에 제품 가액이 10억 원으로 계상되어 있습니다. 하지만 그 제품들을 자세히 살펴보니 몇 년 동안 팔리지 않고 창고에 쌓여 있는 품목이 무려 4억 원어치나 되었습니다. 소위 '땡처리'를 할 경우 많이 받아보았자 2,000만 원 정도 받을 수 있는 제품들이었습니다. 그렇다면 이 제품들은 4억 원이 아니라 2,000만 원으로 평가되어야 합니다. 나머지 3억 8,000만 원은 손익계산서의 '손상차손'에 기록하여 당기 비용처리를 해야 하는 금액입니다.

따라서 만일 이 기업의 손익계산서에 당기순이익이 2억 원으로 적혀 있다면 실제는 위의 손상차손을 반영할 경우 당기순이익이 아닌 당기순손실이 1억 8,000만 원으로 바뀌어야 합니다. 오래되었거나 훼손되어 팔리지 않는 제품을 재평가하지 않고 그대로 둔 채로 손익계산서를 작성해서 당기순이익을 산출한다면 자칫 손실로 변할 수 있는 손익계산서를 바탕으로 의사결정을 할 수도 있다는 뜻이지요.

경영자도 사람인지라 자기 회사의 재고자산에 대해 무한한 애정을 품게 됩니다. 오랫동안 팔리지 않은 제품이나 사용하지 않는 원재료가 있다 하더라도 '언젠가는 쓸 일이 있겠지, 언젠가는 팔리겠지' 하는 마음으로 현실을 직시하지 못합니다. 이미 누가 봐도 가치가 떨어진 제품임에도 불구하고 그 가치 손상을 인정하지 않으려 하는 것이지요. 아마도 자기 제품이나 매입 상품이 팔리지도 않을 제품이라는 사실을 인정하게 되면 곧 자신의 의사결정에 문제가 있었다고 시인하는 것과 같다고 생각하기 때문일 것입니다. 하지만 재고자산의 손상 여부는 기업의 경영활동에 매우 중요한 사항입니다. 때에 따라서는 그 금액이 매우 커서 기업의 존립에 영향을 줄 수도 있습니다.

사용할 수도 없고 무게로 달아 내다팔 수도 없으며 오히려 폐기물업자에게 돈을 주고 처리해야 할 재고라면 당연히 그 가치를 없는 것, 즉 0원으로 평가해야 합니다. 혹시 처리업자에게 돈을 받고 처리할 수 있다면 처리업자로부터 받을 수 있는 금액이 그 재고자산의 금액이 되겠지요. 한때 제품 제조에 요긴하게 쓰였으니 앞으로도 혹시 다시 사용할 수 있거나 팔릴지 모른다고 자위하면서 계속 붙들고 있어보았자 창고 비용, 관리 비용만 계속 발생할 뿐 기업의 경영에는 하등 도움이 되지 않습니다.

악성재고자산을 처분 혹은 처리할 때에는 반드시 증거를 남겨두어야 합니다. 그렇지 않으면 그 처분된 재고수량을 정말로 폐기했는지 아니면 정상적으로 판매가 되거나 사용되었는지 외부적으로 증명할 길이 없습니다. 특히 세무당국에서는 폐기되는 재고자산에 대해 엄격하게 증빙을 제출할 것을 요구하고 있습니다. 재고자산의 폐기에 대해 증빙이 없으면 대표자가 그 재고를 가져간 것으로 간주하는 경향이 있으므로 재고자산의 폐기에 대한 증거는 대단히 중요합니다.

그러므로 재고자산을 폐기할 때에는 폐기물업자에게 폐기하는 재고자산의 명세를 작성해서 폐기물업자의 확인을 받아두는 것이 좋습니다. 또한 폐기되는 재고자산의 사진이나 폐기물업자의 트럭 등에 실리는 장면 등을 사진으로 남겨두는 것이 좋습니다. 물론 내부적으로 재고자산 폐기와 관련된 회의록이나 품의서 등을 남겨두어야 합니다.

재고자산을 폐기물업자에게 얼마간의 돈을 받고 넘길 때에도 세금계산서를 발행하고 거래명세서에 처분하는 재고자산에 대한 내용을 정확히 기재해야 합니다. 그래야 나중에 그 재고자산을 다른 곳에 팔지 않고 처분했다는 것이 증명될 테니까요.

11

경쟁에 밀려
가격을 할인하는 것은 위험하다

Q 올해 판매가 많이 늘어 당연히 작년보다 이익이 늘었을 것으로 생각했습니다. 그런데 결산을 마치고 보니 당기순이익이 거의 변하지 않고 작년 수준 그대로입니다. 곰곰이 생각해보니 자금 사정도 판매량이 증가한 것에 비하면 크게 좋아지지 않았던 것 같습니다. 경쟁사가 신경 쓰여 판매단가를 상당히 낮춘 것이 문제였던 것 같습니다. 그래도 제품 단위당 마진폭이 커서 충분히 이익을 낼 수 있으리라고 예측했는데 결과가 좋지 않군요. 판매단가를 결정할 때 무엇을 고려해야 할까요?

A 유통업은 상품 매입 단가를 쉽게 알 수 있으므로 얼마에 판매를 해야 이익이 나는지도 제조업보다는 상대적으로 쉽게 알 수 있습니다. 그러나 유통업의 경우에도 각종 판매 관련 비용, 관리 비용 등이 추가되므로 판매단가 결정에 신중해야 할 필요가 있습니다.

제조업의 경우는 판매 시점까지의 과정이 유통업보다는 훨씬 더 복잡하므로 판매단가 결정 과정도 훨씬 더 많은 변수를 고려해야 할 것입니다.

이 장에서 설명할 내용들은 사실 조금 교과서적이고 개념적입니다. 그래서 실제 업무 현장에 그대로 적용하기에는 무리가 있을 수도 있겠습니다. 그러나 그 개념 자체를 알고 있어야 응용도 가능하기에 필요한 지식이라 생각합니다. 그럼 이야기를 풀어보겠습니다.

고정비, 변동비, 공헌이익 그리고 손익분기점

고정비는 매출의 증가 여부와 관계없이 고정되어 있는 비용을 말하는 것이고 변동비는 매출의 증감과 비례해서 움직이는 비용을 말합니다. 고정비에는 생산기계, 공장 건물 등에 대한 감가상각비, 직접 생산에 참여하지 않는 공장 관리 인원의 급여, 사무실 직원들 급여, 토지 및 건물 관련 재산세 등이 포함됩니다. 생산 규모와 관련 없이 지속적으로 발생되는 비용들이지요. 하지만 고정비라고 해서 절대로 변치 않는 비용이라고 생각하면 안 됩니다. 예를 들어 제품을 1개부터 100개까지 생산할 때 생산공정에 필요한 사람이 한 명이고 100개부터 200개까지 생산할 때 필요한 사람은 두 명이라면 제품 생산량 1개부터 100개까지는 한 사람의 인건비가, 제품 생산량 101개부터 200개까지는 두 사람의 인건비가 고정비가 됩니다. 같은 식으로 제품 1개부터 1만 개까지는 기계 한 대가 필요하고 1만 1개부터 2만 개까지는 주문을 맞추기 위해서 기계 두 대가 필요하다면 제품 1만 개까지는 기계 한 대분의 감가상각비가 고정비가 되고 2만 개까지는 기계 두 대분의 감가상각비가 고정비가 됩니다. 이처럼 고정비는 생산규모에 따라 계단식으로 변동합니다.

변동비는 생산 수량에 비례하므로 생산에 투입되는 원재료비, 기계 가동에 따른 전력비, 유류대 등이 이에 포함될 것입니다.

한편 공헌이익이란 어떤 제품의 매출단가에서 그 제품을 1개 생산하는 데 소요되는 변동비를 차감한 금액을 말합니다. 예를 들어 제품 판매단가를 1만 원으로 정했는데 그 제품을 생산하는 데 6,000원의 변동비가 투입되면 4,000원이 제품 단위당 공헌이익인 것입니다. 고정비는 제품을 전혀 생산하거나 판매하지 않아도 계속 발생하는 금액입니다. 그러므로 제품을 판매하면 그만큼 고정비를 커버해주는 효과가 있겠지요. 그런 뜻에서 '공헌'이라는 말을 붙이는 것입니다.

우리가 흔히 알고 있는 손익분기점은 고정비를 제품 단위당 공헌이익으로 나누어서 구합니다. 예를 들어 어떤 회사의 1년 고정비가 5,000만 원이고 판매제품 1개당 공헌이익이 5,000원이라면 이 회사는 1만 개의 제품을 판매했을 때 당기순이익이 0이 됩니다. 이익도 없고 손실도 없는 판매량이 손익분기점이므로 이 회사의 손익분기점은 1만 개인 것이지요.

단위당 공헌이익

제품 1개의 판매가격	1개당 변동비
	단위당 공헌이익

손익분기점(10개로 가정)

고정비	단위당 공헌이익
	단위당 공헌이익
	단위당 공헌이익
	단위당 공헌이익
	단위당 공헌이익
	단위당 공헌이익
	단위당 공헌이익
	단위당 공헌이익
	단위당 공헌이익
	단위당 공헌이익

조금 더 자세히 설명해봅시다. 모든 비용은 고정비와 변동비로 나눌 수 있습니다. 그리고 1년 치 매출액에서 변동비와 고정비를 뺀 금액이 당기순이익이며, 매출액에서 변동비를 뺀 금액이 1년 치 공헌이익입니다. 이 공헌이익에서 고정비를 차감한 금액이 0이 되는 시점의 제품 생산량이 손익분기점입니다. 위의 예에서는 제품 판매량이 1만 개일 때의 공헌이익 합계 5,000만 원이 고정비와 같은 금액이므로 1만 개가 손익분기점인 것입니다.

손익분기점의 계산 사례

제품 1개당		고정비 발생금액		
		4,000,000	6,000,000	10,000,000
a. 판매단가	10,000			
b. 1개당 변동비	6,000			

c. 1개당 공헌이익 (c=a−b)	4,000			
d. 손익분기점(판매량) (d= 고정비/c)		1,000	1,500	2,500

손익분기점에서의 손익계산서

매출액(a×d)		10,000,000	15,000,000	25,000,000
변동비(b×d)		6,000,000	9,000,000	15,000,000
고정비		4,000,000	6,000,000	10,000,000
비용합계		10,000,000	15,000,000	25,000,000
당기순이익 (매출액 − 비용합계)		−	−	−

　이 손익분기점 계산 사례에서 보면 제품 1개당 공헌이익이 4,000
원이라 할 때 고정비 발생금액에 따라 손익분기점이 달라진다는 것
을 알 수 있습니다. 즉 고정비가 크면 클수록 손익분기점은 더불어
커지게 되어 있습니다. 따라서 자신이 생산하는 제품 가격을 결정할
때 필수적으로 고정비 금액을 계산하고, 제품에 대한 수요를 예측한
다음 판매가격을 결정해야 합니다. 막연히 제품 한 개를 만드는 데
들어가는 변동비만을 고려해서 제품가격을 결정하는 경우 자칫 잘못
하면 낭패를 볼 수도 있으니까요.
　사실 이 공헌이익 이론은 판매하는 제품이 딱 한 개뿐일 때는 적용
하기가 아주 쉽습니다. 하지만 제품의 종류가 늘어나면 적용하기가
복잡해집니다. 물론 현실에 맞는 가정을 세워 제품 종류별 공헌이익
을 구해볼 수는 있겠으나, 제품별로 고정비가 발생되는 양상이 다 다
를 것이므로 이론상으로 손익분기점을 결정하기가 무척 어렵습니다.

예를 들면 어떤 기업에서 제품 A, B, C, D, E를 생산하는데 제품 A와 B는 1번 기계에서 생산하고 C, D, E는 다른 기계에서 생산한다면, 제품 A와 B의 고정비와 제품 C, D, E의 고정비는 다를 것입니다. 또 각 제품이 매출에서 차지하는 비율에 따라 손익분기점도 달라질 것입니다.

몇 개씩 팔아야 손해를 안 볼까?

경쟁제품이 없는 독점제품이라면 편안한 마음으로 제품원가에 적절한 마진을 붙여 판매할 수 있지 않을까요? 그러나 현실은 그렇게 녹록지 않습니다. 특히 중소기업의 제품들은 대부분 극심한 가격 경쟁을 해야 하는 것들입니다. 판매단가의 결정이 내부의 원가요소보다는 외부의 가격 경쟁 환경에 좌우될 확률이 매우 높습니다. 발생원가만 따져 여유롭게 판매단가를 결정할 수 있는 회사가 극히 드물다는 소리지요.

그럼에도 경영자라면 적어도 자신이 판매하는 제품의 원가가 어떻게 구성되는지 정도는 알아야 합니다. 제품의 원가도 모른 채 열악한 환경 탓만 해댄다면 절대로 올바른 경영자의 자세라고 할 수 없겠지요.

예를 들어 시장에서 1만 원에 팔 수 밖에 없는 제품을 생산한다고 칩시다. 그 제품의 변동비가 8,000원쯤으로 판단된다면 제품 1개당 공헌이익은 2,000원입니다. 하지만 자칫 착각해서 '그럼 제품당 마진이 2,000원이구나!' 하며 안도해버리면 안 됩니다. 그 마진 2,000원으로 각종 고정 지출까지 커버해야 하니까요. 따라서 경영자라면 몇 개 정도를 팔아야 고정비를 커버할 수 있는지 대충이나마 머릿속으로 유념하고 있어야 합니다. 판매 제품의 종류가 여러 가지라면 경험상 각 제품의 판매 비중도 알고 있을 테니 각 제품당 몇 개씩 팔아야 손해를 안 볼지도 늘 생각하고 있어야 합니다.

만약 시장 상황이 열악해서 고정비를 감당할 정도의 수량을 판매하지 못한다면, 그런데도 가까운 장래에 상황이 나아질 기미가 없고 상황을 개선할 다른 방도가 없다면 어떻게 될까요? 막연히 시장 상황이 개선되거나 경기가 좋아지기를 기다리는 수밖에 없을 것이고 그런 상태가 장기화된다면 기업은 매우 위험한 상황에 처하겠지요. 심지어 제품 생산에 투입한 변동비조차 건질 수 없는 단가에 제품이 판매되고 있다면 그야말로 '팔수록 손해'인 상황이 되어버립니다. 그럴 경우엔 과감하게 사업의 중단도 한 가지 대안으로 고려해보아야 합니다.

하지만 대부분의 사람들은 '갈 데까지 가보자'라는 심정으로 사업을 접지 못합니다. 접는 순간 각종 채무를 갚을 길이 막연해질 것이고 결국 도산이나 파산에 이르게 될 테니까요. 지금 '스톱'하기보다는 어떻게든 유지를 하면서 기회를 엿볼 수 있을 것이라는 기대심리도 한몫할 것입니다. 물론 사람의 앞일이야 누가 알겠습니까? 하지만 어떤 상황에서도 선택 가능한 모든 대안을 철저하게 짚어보고 고민하는 자세가 반드시 필요합니다. 일부 제품의 생산시설을 경쟁업체에게 넘긴다든지, 생산규모를 축소하고 마진이 상대적으로 높은 제품만을 생산해서 판매한다든지, 공장 부지를 소유하고 있다면 부지를 팔고 임차로 바꾸어서 채무를 갚는다든지 하는 식으로 상황을 개선하려는 노력이 반드시 따라야 할 것입니다.

12

대출을 받아서라도
더 투자할 것인가, 멈출 것인가?

Q 대출이 많아 걱정입니다. 장사는 안 되고 돈 들어갈 데는 많
으니 어쩔 수가 없네요. 사업 규모를 좀 줄여보려고 해도 그
동안에 투입된 자금이 너무 아깝습니다. 또 혹시 경기가 좋아질지도 모
르잖습니까. 경기가 좋아지면 또 투자를 해야 할 텐데 그때를 생각해서
라도 지금의 사업 규모를 유지하고 싶습니다. 없는 돈이 어디서 생길
리야 없겠지만 답답한 마음에서 말씀드립니다.

A 어떤 영화였는지 정확히 기억은 안 나지만 주인공이 순간
의 선택을 어떻게 하느냐에 따라 삶의 모습이 바뀌는 스토
리의 영화가 있었지요. 우리 역시 삶을 확 바꿀 선택의 기로에 놓이
는 경우가 적지 않습니다. 사업을 하는 사람들에겐 그 사업체의 향방
이 바로 그런 갈림길일 것입니다. 그래서 아무리 열심히 노력해도 매
출이 증가하지도 않고 아무리 애써도 비용이 줄어들지 않아 자금이
고갈되면 '이제 접어야 하나'라는 생각과 '조금만 더 버티면 될 것 같
은데…' 하는 희망 사이를 수없이 오가며 갈등하겠지요.

보통은 희망의 끈을 금방 놓지 못합니다. 그동안 투자한 돈과 노력이 얼마나 아깝겠습니까. 그러다 보니 어떻게든 견디기 위해 부족한 자금만큼 다른 사람이나 금융기관으로부터 돈을 빌리게 됩니다. 그렇지만 다 알다시피 그 돈은 남의 돈입니다. 빌린 돈, 빚은 사업에 큰 위험요인이 될 수 있습니다.

6개월 정도의 예측은 어렵지 않다

물론 회사마다 처한 상황이 다르기 때문에 일률적으로 말씀을 드릴 수는 없습니다. 하지만 현장에서 적지 않은 세월을 지켜본 입장에서 감히 말씀드릴 수 있는 점은 대부분의 경영자들이 기업의 미래 재무상태를 예측하는 데 너무나 시간과 노력을 기울이지 않는다는 것입니다. 매출 증가에는 엄청난 시간을 투자하지만 그 매출액에 따른 재무 효과에는 전혀 관심이 없다는 것이지요.

특히 예상과 달리 매출이 상승하지 못했을 때를 대비해서 어떤 준비를 해두어야 하는지를 생각하시는 분들은 거의 보지 못했습니다. 90% 이상의 경영자들이 지나치게 낙관적이고 그 낙관적인 미래 예측을 바탕으로 의사결정을 내립니다. 물론 낙관적인 사고야말로 사업을 이끌어가는 원동력임에 틀림이 없습니다. 낙관적인 결과가 예견되지 않는 데 사업을 할 이유는 없을 테니까요.

그러나 '혹시' 모를 나쁜 결과에 대비하는 것도 경영자의 의무라고 생각합니다. 가능한 불리한 상황에 어떤 대비책도 마련해두지 않는다면 그건 '사업'이 아니라 '투기'가 아닐까요? 대기업에서는 보통 새해가 밝기 몇 달 전부터 다음 해의 예상 매출과 비용 예산을 작성합니다. 그러나 규모가 작은 기업에서는 보통 그렇게 할 여력도 없고 관심도 없는 것이 현실입니다.

정말로 여력이 없어서 그럴까요? 아무리 작은 기업이라도 지금 사업 현황을 꼼꼼히 체크해보면 6개월 후 자신의 재무 상태를 예측할 수 있습니다. 물론 그 예측이 100% 맞아떨어지지는 않겠지요. 신이 아니고서야 어떻게 100% 맞는 예측을 내놓을 수 있겠습니까? 하지만 그런 과정을 통해 여러 가지 경우의 수를 생각할 수 있을 것이고, 그에 맞추어 이런저런 대비책을 고민해볼 수 있을 것입니다.

현재 매출은 늘지 않고 발생 비용은 줄지 않는다면 6개월 정도 후 자금이 얼마나 모자랄지 비용 항목별로 계산해보면 답이 나올 것입니다. 사업이 잘될 경우 6개월 후에 어느 정도의 잉여 자금을 손에 쥐게 될지도 예측할 수 있습니다. 그래야 새로운 투자를 계획할 수 있을 테니까요.

혹시 손해가 계속 나고 있는데도 자전거를 타는 심정으로 계속 달리고 있지는 않으신가요? 다시 말해 멈추면 쓰러질 테니 멈출 수가 없다고 고집을 부리는 것은 아닌가요? 그렇게 질질 시간만 끌다가 자전거를 탄 채 낭떠러지로 추락할 수 있습니다. 정확한 예측으로 멈추어야 할 때는 아는 것, 그것이야말로 사업가가 반드시 가져야 할 마음가짐입니다.

방만하게 지출되는 비용을 체크하라

어떤 분이 대형 슈퍼마켓을 창업했는데 컨설팅회사에 상권분석 및 수요예측을 맡겨 아주 훌륭한(?) 결론을 도출해낸 뒤 경험 많은 구매담당자와 판매담당자를 높은 급여에 초빙하고 기타 요소에 적절한 인원을 배치시켜 야심차게 개업을 했습니다.

그 분은 컨설팅업체의 예측이 100% 맞는다는 가정하에 위와 같은 의사결정을 내렸습니다. 그러나 뚜껑을 열어보니 예상보다 손님이 너무 적었습니다. 여기까지는 누구에게나 벌어질 수 있는 일이겠죠. 그러나 몇 달의 경험을 통해 수요 예측이 잘못되었다는 것을 인정하고 새로운 상황에 맞추어 다시 경영 전략을 세워야 하는데도 그 분은 손님이 언젠가는 늘어날 것이라는 기대를 버리지 않은 채 지속적인 손실을 감수하고 있었습니다.

연봉 높은 구매담당자를 그만두게 하고 구매 형태를 변경함으로써 구매단가 인하를 모색해야 한다는 주변의 충고가 있었지만 귀를 틀어막았고, 넘치는 판매사원을 줄이려는 노력도 하지 않았습니다. 적극적으로 경영난을 타개하려는 움직임은 거의 보이지 않은 채 모든 것을 직원들에게 일임해버렸습니다.

전혀 모르는 분야에 뛰어들 때에는 컨설팅 업체에 자문을 구할 수도 있고 다른 지인의 충고에 귀를 기울일 수도 있습니다. 전적으로 타인의 의견에 의지해서 창업을 할 수도 있습니다. 중요한 것은 그다음입니다.

애초의 예상이 맞아떨어졌을 때는 별 걱정 없이 사업을 진행하면 되겠지만 예상이 빗나갔을 때는 애초의 예상과 빗나간 예상의 간격을 메우려는 노력이 있어야 합니다. 하지만 많은 사람들이 손을 놓고서 마냥 사태가 저절로 해결되기를 기다립니다.

결국 그 대형 슈퍼마켓을 창업했던 분은 몇 년 동안 거액을 손해 보고 폐업할 수밖에 없었습니다. 그 자리가 애초에 슈퍼마켓이 들어올 자리가 아니었던지 다른 사람이 인수하지도 않았고, 따라서 재고 상품들도 아주 헐값에 처분할 수밖에 없었지요.

오로지 이윤만 생각해서 몰인정하게 경영하는 것도 문제지만 앞의 사례처럼 방만하게 사업체를 운영하는 것도 아주 큰 문제입니다. 아직 본격적인 매출이 일어나기도 전에 매출이 크게 증가할 것으로 판단해서 인원을 미리 뽑아두거나 생산 관련 인원을 미리 채용했을 경우 실제 매출이 기대했던 수준만큼 발생하지 않았을 때 입는 손실은 상당히 질 나쁜 손실이 됩니다. 연구개발 활동을 위해 돈을 쓰는 것도 아니고 미래를 위해 투자하는 것도 아니며, 단순히 어떤 예측을 바탕으로 회사의 비용요소를 추가한다면 상당히 투기적인 경영이라고 볼 수밖에 없습니다. 특히 그 인원이 매출활동이나 생산활동에 직접 기여하지도 않는 관리 인원일 경우에는 최악의 손실 요인이 됩니다.

다른 예를 들어보지요. 어떤 사업 분야에서 아주 풍부한 경험을 가진 분이 새로운 아이템을 개발해서 창업을 했습니다. 외국 회사가 생산하는 제품과 같은 종류의 제품을 개발한 것이지요. 수입대체품으로 그 외국 경쟁회사의 가격보다 싸게 공급할 자신이 있었던 그 분은 수십억의 자본금을 들여 공장을 세웠고 마치 전열을 정비하듯 좀

과하다 싶을 정도의 인원을 임원으로 임명하고 회사 체계를 갖추어 사업을 시작했습니다. 임원들은 오랫동안 자신의 사업을 보필해왔던 동료들이었으므로 더할 나위 없는 인원 구성이었습니다.

그러나 외국 경쟁사가 자신의 제품을 상상할 수 없을 정도의 낮은 가격으로 공급하기 시작하는 바람에 이른바 '치킨게임'이 시작되었습니다. 생각지도 않은 경쟁사의 공격으로 결국 자본력에 밀린 그 회사는 몇 년을 버티지 못하고 은행 빚을 갚지 못해 도산했고 직원들은 모두 뿔뿔이 흩어지게 되었습니다. 그 기업이 도산하기 전에 경영자에게 임원이 너무 많고 필요 없는 비용 지출도 상당하다는 말을 했으나 모두 동고동락해왔던 동지들이라 어쩔 수 없다는 대답이 돌아왔습니다.

물론 그 회사가 비용지출을 최소화했어도 그 외국 회사를 이기기는 힘들었을 것이라는 게 중론입니다. 하지만 당시 시간을 끌어가며 그 경쟁사와 타협을 해볼 여지는 있다고 판단했던 것도 사실입니다. 이는 애초의 판단이 잘못되었을 때 뼈를 깎는 몸부림이 반드시 필요하다는 걸 보여주는 대표적인 사례입니다.

대출은 마지막 선택!

어느 벤처회사 경영자가 수년 동안의 노력 끝에 제품 개발에 성공해서 특허등록까지 마치게 되었습니다. 제품의 상용화에 성공한 그 경영자는 경쟁할 회사가 없는 독점품인지라 폭발적인 매출을 예상하고 자기 회사 규모에 맞지 않을 정도로 과다한 관리 인원과 생산 인

원, 영업 인력을 보강했습니다. 그러나 몇 달이 지나도 도무지 제품은 팔리지 않았고 그 많은 회사직원들이 할 일이 없어 놀고 있는 처지가 되었습니다. 영업 담당부장을 아무리 독려해도 거래를 하겠다는 전화 한 통이 없었습니다.

가지고 있던 돈은 개인 돈, 회사 돈을 막론하고 제품 개발에 다 투자한 상태라 급여를 줄 자금도 없었습니다. 더구나 경영자는 제품을 개발하느라 개인 대출을 너무 많이 받아 신용불량자 상태였습니다. 당연히 옆에서 특허담보대출을 권하는 목소리가 높았습니다. 하지만 그 경영자는 단호히 그런 충고를 외면하고 스스로 살길을 모색하기 시작했습니다. 일단 회사의 인원을 최소한으로 줄였고 직접 나서 발로 뛰며 영업을 하러 다녔습니다. 그리고 열심히 투자자들을 찾아다녔습니다. 밀린 사무실 임대료 때문에 임대인이 사무실 출입구에 쇠사슬을 쳐놓는 상황까지 벌어져도 꿋꿋하게 대출을 받지 않았고 몇몇 투자자에게 간신히 소액의 투자를 받아가며 스스로 거래처를 개척해나갔습니다.

하늘은 스스로 돕는 자를 돕는다고 합니다. 열심히 영업을 한 결과 결국 밀린 급여를 상당히 갚을 수 있을 정도의 매출이 일어나기 시작했습니다. 이 경영자가 만약 특허권을 담보로 어떤 개인이나 기관으로부터 대출을 받았다면 아마 특허권은 다른 회사로 넘어갔을 것이고 그 회사는 공중분해될 수도 있지 않았을까요?

물론 위의 사례가 누구에게나 권할 만한 일반적인 경우는 아닙니다. 그런 힘든 상황을 견딜 만한 뚝심이 누구에게나 있지도 않으며, 또 그 과정에서 선의의 피해자가 생길 수도 있을 것입니다. 하지만 돈줄이 마른다고 해서 무조건 대출부터 생각하지는 말라는 말씀은 꼭 해드리고 싶습니다. 어떤 식이든 버틸 수 있는 방법이 있다면 대출은 가장 나중에 선택해야 할 방법이 아닐까 싶습니다. 더구나 미래를 정확히 예측할 수 없는 상황이라면 더더욱 그렇습니다.

어쨌든 조금 전 언급했던 그 벤처회사의 경영자는 앞날을 예측하기 힘든 상태에서 특허권을 담보로 어떤 개인이나 기관으로부터도 대출을 받지 않았습니다. 대신 여러 가지 방법으로 상환 기한이 없는 자본의 형태로 자금을 조달함으로써 회사가 살아남을 가능성을 훨씬 높였던 것입니다.

대출을 잘 받아내는 사람이나 기업을 능력자로 추앙하던 시절이 있었습니다. 하지만 몇 번의 경제위기를 겪은 지금 대출처럼 무서운 것이 없다는 사실을 다들 알게 되었습니다. 대출에 잠재해 있는 위험을 통제할 수 있다고 대부분 생각하며 금융기관으로부터 돈을 빌리지만 생각지도 못한 경제상황의 변화에 노출되면 그 위험은 감당할 수 없는 것으로 변할 수 있습니다.

대출 때문에 인간이나 기업의 존립 자체가 위험해지는 세상입니다. 자본주의 경제 구조상 대출은 이자를 위해서 존재하는 것이고, 누군가에게 이자를 지급하기 위해서는 필연적으로 누군가의 파산이 필요하다고 합니다. 누군가에게 돌아갈 현금이 이자의 명목으로 쓰이는 것이고 그 이자에 해당되는 현금을 차지하지 못한 누군가는 반드시 파산하게 되어 있다는 것이지요. 일종의 '의자놀이' 같은 것이겠죠?

대출이라는 것은 먹을 때는 아주 달콤한 음료수 같지만 '이자'라는 해독제를 돈을 주고 구입해서 지속적으로 먹어주지 않으면 반드시 자신을 죽이는 독극물로 변합니다. 대출은 최대한의 신중한 고민을 거친 후 할 수밖에 없다고 판단될 때 최후의 수단으로 사용해야 할 것입니다.

13
부채 관리의 기술

Q 경기가 좋지 않아 매출이 지속적으로 떨어지고 운영자금도 부족해지고 있습니다. 이미 상당한 금액을 은행에서 대출받아 사용하고 있는데 또 대출을 받아야 할 상황이 된 것 같습니다. 이대로 가다가는 빈털터리가 될 수도 있을 거라는 생각마저 드는데 정말 막막합니다. 무슨 좋은 수가 없을까요?

A 기업을 운영하다 보면 정말 원치 않지만 어쩔 수 없이 대출을 받아야 하는 경우가 있습니다. 당장 급여를 주어야 하고 원재료를 매입해야 하는데 자금이 없으면 어쩔 수 없이 은행에 손을 벌려야 하는 경우가 생깁니다. 그나마 은행에서 돈을 빌릴 만한 신용이나 여력이 있어야 가능한 일이겠죠. 사실 제2금융권에서 비싼 이자를 주고 자금을 빌린다거나 더 비싼 이자를 내야 하는 사채 빚을 얻을 수밖에 없는 경우도 있습니다.

상환 계획이 없는 대출은 위험하다

같은 대출이라도 그 자금을 어디에다 쓸 것인가에 따라 그 질이 달라지게 됩니다. 예를 들어 공장을 짓기 위해 시설자금 대출을 받았다면 향후 생산량의 증가에 따른 매출 증가를 기대하고 빌리는 자금이므로 그런 경우는 그 대출이 상당히 생산적인 것이라 볼 수 있습니다. 따라서 대출 상환에 대한 계획도 세울 수 있고 이자 부담에 대한 대책도 세울 수 있습니다.

그러나 급여자금이 없거나 기타 운영자금이 없어서 대출을 일으키는 경우라면 사업의 미래 상황에 대해 심각하게 고민해봐야 합니다. 과연 지금보다 매출이 증가할 수 있을지, 비용을 줄일 방법은 없는지 등의 고민을 시작해야 합니다. 즉 상환 계획을 세울 수가 없는 대출은 매우 위험합니다. 막연히 미래 경영 상황이 좋아질 거라는 기대, 어떻게든 되겠지 하는 마음으로 일으키는 대출은 독이 되어 돌아올 확률이 매우 높습니다.

사업을 하시는 분들 중에 지나치게 낙관적인 분이 있습니다. 물론 비관적인 마인드로 경영을 한다는 것은 있을 수 없는 일이겠죠. 그러나 미래 상황에 대해 무조건적인 장밋빛 전망은 매우 위험합니다. 혹시라도 예측이 빗나갈 경우를 대비해야 합니다. 가끔 신문지상에서 법원의 경매 물건에 관한 광고를 볼 수 있습니다. 정말 최선을 다했는데도 어쩔 수 없이 자기 재산이 경매에 넘어가는 것을 피할 수 없었던 경우도 있겠지만 부주의나 지나친 낙관의 결과인 경우도 있을 것입니다.

만약 대출을 받아야 한다면 그 대출자금을 어떻게 갚겠다는 명확한 계획을 세울 수 있어야 합니다. 명확한 계획이 없다면, 혹은 계획을 세울 수 있는 상황조차도 되지 않는다면 그 대출은 결국 자신을 해치는 독이 될 것입니다.

대출보다는 팔 수 있는 것들을 파는 편이 낫다

처분할 수 있는 재산, 즉 부동산이나 주식을 소유하고 있으면서도 그 재산의 가격이 향후에 오를 것으로 판단하여 그 재산을 담보로 대출을 받는 경우가 있을 것입니다. 그런데 만약 대출상환에 대한 계획을 세울 수 없는 상황임에도 불구하고 그 재산을 담보로 대출을 받는다면 결국은 그 담보재산을 헐값에 넘기는 상황이 도래할 확률이 아주 높습니다.

'혹시 나중에 내가 팔았던 부동산 가격이 오르면 아까워서 어떡하지?'라는 생각은 누구나 할 수 있습니다. 그러나 경제생활을 '베팅'으로 계속할 수는 없는 것입니다. 자신의 탐욕을 이기지 못해 더 높은 위험을 감수하고자 한다면 결국은 자신과 가족의 삶이 위험해질 수 있습니다.

그래서 계획대로 상환할 자신이 없는 대출을 얻기보다는 차라리 그 재산을 처분하여 사업을 하는 것이 훨씬 안전합니다. 왜냐하면 경매에서 낙찰되는 것보다는 훨씬 높은 가격에 그 재산을 처분할 수 있을 테니까요. 또한 계획대로 자금이 회전되지 않더라도 대출이 있는 것보다는 좀 더 느긋하게 기다릴 수 있는 시간을 벌 수 있으니까요.

사업을 하면서 시간에 쫓기다 보면 비합리적인 의사결정을 할 수도 있습니다. 자기 제품을 헐값에 넘긴다든지, 꼭 필요한 직원을 비용 절감 목적으로 내보낸다든지 하는 실수를 할 수가 있습니다. 그런 의사결정의 결과는 다시 부메랑이 되어 자신의 사업에 악영향을 미칠 것이고 다시 그 악영향은 자금 부족의 결과로 나타날 것입니다. 악순환이 시작되는 것이죠.

부채상환의 지름길, 자금계획표

미래의 자금 흐름을 추정하는 것은 사실 그리 쉬운 일은 아닙니다. 미래에 제품을 얼마어치를 팔고 얼마 정도의 자금이 남을지는 사실 정확히 예측하기가 힘듭니다. 그러나 아예 미래 자금 흐름에 대해 무관심하다면 그것만큼 위험한 상황도 없습니다.

대출에 대한 원금과 이자를 매달 얼마를 상환해야 하고 그 자금을 어디서 마련해야 하는지를 반드시 표로 만들어봐야 합니다. 막연히 머릿속으로 생각하는 것과 표로 만들어보는 것에는 많은 차이가 있습니다. 예를 한번 들어볼까요?

대출이 있는 상태를 가정하여 다음과 같이 가상의 자금계획표를 만들어보았습니다. 하절기에 매출이 가장 부진한 형태의 사업을 가정했습니다.

지출의 경우 '대출 1'은 이자만 납부하다가 4월부터 원금을 상환하는 것으로 가정하였고 따라서 이자 지출액은 점차 감소하는 것으로 나타납니다. 대학등록금 등을 감안하여 3월과 9월의 지출은 대폭 증가

자금계획표

(201X. 1. 1~201X. 12. 31)

월	수입			지출					과부족
	제품대금 회수	사업유지 비용	잔액	원금상환		이자	생활비	합계	
				대출1	대출2				
1월	50,000,000	35,000,000	15,000,000	–	4,000,000	2,000,000	4,000,000	10,000,000	5,000,000
2월	50,000,000	35,000,000	15,000,000	–	4,000,000	2,000,000	4,000,000	10,000,000	5,000,000
3월	60,000,000	40,000,000	20,000,000	–	4,000,000	2,000,000	10,000,000	16,000,000	4,000,000
4월	70,000,000	50,000,000	20,000,000	8,000,000	4,000,000	1,950,000	4,000,000	17,950,000	2,050,000
5월	60,000,000	50,000,000	10,000,000	8,000,000	4,000,000	1,900,000	4,000,000	17,900,000	−7,900,000
6월	40,000,000	30,000,000	10,000,000	8,000,000	4,000,000	1,850,000	4,000,000	17,850,000	−7,850,000
7월	35,000,000	25,000,000	10,000,000	8,000,000	4,000,000	1,800,000	4,000,000	17,800,000	−7,800,000
8월	35,000,000	25,000,000	10,000,000	8,000,000	4,000,000	1,750,000	4,000,000	17,750,000	−7,750,000
9월	60,000,000	40,000,000	20,000,000	8,000,000	4,000,000	1,700,000	10,000,000	23,700,000	−3,700,000
10월	70,000,000	50,000,000	20,000,000	8,000,000	4,000,000	1,650,000	4,000,000	17,650,000	2,350,000
11월	60,000,000	40,000,000	20,000,000	8,000,000	4,000,000	1,600,000	4,000,000	17,600,000	2,400,000
12월	50,000,000	35,000,000	15,000,000	8,000,000	4,000,000	1,550,000	4,000,000	17,550,000	−2,550,000
합계	640,000,000	455,000,000	185,000,000	72,000,000	48,000,000	21,750,000	60,000,000	201,750,000	−16,750,000

하는 것으로 작성하였습니다. 과부족 금액은 순전히 임의로 계산한 것입니다.

위와 같은 형태로 자금계획표를 만들어보면 미래 자금의 흐름이 대략적이나마 피부에 와 닿을 것입니다. 그러므로 각자의 사정에 맞추어 반드시 자금계획표를 만들어보길 권합니다. 자금이 부족한 것으로 나타난다면 반드시 그에 대한 대책을 세워야 합니다. 그리고 그러한 대책이 있을 때 미래의 위험은 반드시 감소할 것입니다.

14

회사의 자산을
경제적으로 관리하는 기술

Q 제조업체를 운영하는 사업자입니다. 회사에 사무실 집기도 여러 가지가 있고 간단한 제조용 장비도 여러 대 있습니다. 그런데 공장을 이전할 때 각종 집기류나 장비들을 점검해보니 장부에 기록된 내용과 일치하지도 않고 어느 품목에 얼마나 감가상각을 했는지도 도무지 알 수가 없습니다. 어떻게 해야 할까요?

A 사업을 하려면 컴퓨터, 책상, 복사기, 전화 등 사업 진행에 필요한 각종 자산을 구입해야 합니다. 게다가 제조업체라면 제품을 만드는 데 필요한 기계도 제작하거나 구입해야 하고, 또 그 기계를 운전할 땅과 건물도 필요합니다. 이런 각종 자산들을 '유형자산'이라고 부릅니다. 그리고 유형자산 중 토지나 나무 미술품 등은 시간의 경과에 따라 가치가 감소하는 것은 아니므로 감가상각을 하지 않으며 기타의 유형자산은 감가상각을 해야 하므로 '감가상각 자산'이라고 합니다.

감가상각 이해하기

유형자산의 구입 금액을 장부에 올릴 때에는 구입 금액 자체는 물론이고 부수 비용, 예를 들어 차량의 경우 부수적으로 따라 붙는 각종 세금 등을 같이 기록합니다. 또 유형자산의 품목들은 즉시 비용처리가 되지 않습니다. 매년 일정 금액을 '감가상각'하여 비용처리합니다.

감가상각이란 비용을 한꺼번에 인식하지 않고 여러 해에 걸쳐 나누어서 인식하는 것을 말합니다. 예를 들어 급여나 교통비, 출장비, 소모품을 구입하는 비용 등은 그 비용이 발생할 때 즉시 비용으로 인식하지만 기계 등을 구입하는 데 쓰인 금액은 한꺼번에 비용으로 인식하지 않고 여러 해에 걸쳐 나누어 인식하게 됩니다.

기계장치와 같이 그 자산을 구입한 후의 효과가 오랜 기간 지속되는 자산에 대해서 그 구입에 들어간 비용을 한꺼번에 인식하게 되면 어떻게 될까요? 그 자산을 구입한 해에는 비용이 대폭 증가했다가 그 다음해부터는 비용이 감소하는 것으로 나타나게 됩니다. 따라서 '감가상각'이라는 방법을 통하여 비용을 나누어 인식하도록 회계기준에 규정되어 있습니다. 이를 '감가상각자산'이라 부릅니다.

예를 들어 5,000만 원을 들여 차량을 취득했는데 그 5,000만 원을 구입한 해에 모두 비용으로 처리하면 구입한 해에는 비용이 5,000만 원 발생되는 반면 계속 차량을 사용하고 있는 그다음 해부터는 비용으로 기록할 금액이 없어지게 됩니다. 그래서 예를 들어 차량을 5년간 사용한다고 가정하고 5년 동안 나누어서 비용으로 기록하는 제도가 바로 '감가상각'입니다.

기업들은 보통 유형자산을 취득할 때 '유형자산 관리대장'을 작성합니다. 이 관리대장에 취득일자와 금액, 취득 금액의 구성 내역, 소속 계정과목, 내용연수 등을 기록해두지요. 대부분의 회계프로그램에는 이 메뉴가 포함되어 있으며, 유형자산의 감가상각비는 유형자산 관리대장에 입력된 데이터를 기초로 계산하게 됩니다. 그에 따라 재무상태표에 다음과 같은 형식으로 유형자산과 관련된 금액을 표시합니다.

재무상태표 중 유형자산과 관련된 금액

유형자산		3,740,000,000
토지		200,000,000
건물	1,200,000,000	
감가상각누계액	−800,000,000	400,000,000
구축물	900,000,000	
감가상각누계액	−400,000,000	500,000,000
기계장치	15,000,000,000	
감가상각누계액	−13,000,000,000	2,000,000,000
차량운반구	80,000,000	
감가상각누계액	−60,000,000	20,000,000
공구와 기구	350,000,000	
감가상각누계액	−320,000,000	30,000,000
비품	400,000,000	
감가상각누계액	−360,000,000	40,000,000
임차자산개량	800,000,000	
감가상각누계액	−650,000,000	150,000,000
건설 중인 자산		400,000,000

토지는 그 성격상 감가상각이 될 수 없으므로 감가상각을 하지 않지만, 기타 유형자산(감가상각자산)은 계정과목마다 바로 아래에 그동안 감각상각을 해온 누적금액이 차감 표시되어 있습니다. 예를 들어 12억 원을 들여 지은 건물의 감가상각누계액이 8억 원이라는 말은 건물 준공 시점부터 지금까지 몇 년에 걸쳐 8억 원을 감가상각했고 앞으로 4억 원을 추가로 상각해야 한다는 의미입니다. 회계를 접해보지 않으신 분들은 8억 원이 올해의 비용이라는 의미 아니냐는 질문을 던지곤 하는데 앞에서 본 표는 재무상태표이므로 어떤 시점의 상태를 표시하는 표일 뿐 당기의 비용과는 관련이 없습니다. 다만 감가상각누계액에는 당기의 감가상각비도 포함되어 있습니다.

표에서 구축물(도로 포장 원가, 담장 공사 등의 원가, 기타 공장 등에 설치되는 인공 조형물)의 장부가액, 즉 취득가액 9억 원에서 감가상각 누계액 4억 원을 뺀 나머지 금액인 5억 원이 이 회사의 구축물의 가치를 나타내는 것은 아닙니다. 구축물을 과거에 9억 원을 들여서 취득했고 그중 4억 원을 감가상각을 통해 비용으로 처리했으며 나머지 5억 원은 미래에 수년에 걸쳐 추가로 비용처리를 할 예정이라는 의미입니다. 요즈음 회계기준으로는 자산재평가를 통해 유형자산을 시가에 가까운 금액으로 평가할 수도 있으나 절대 대다수의 중소기업들은 앞의 표와 비슷한 방식으로 유형자산을 표시하고 있습니다.

기업에 따라 명칭이 다를 수는 있겠지만 유형자산을 취득할 때는 그 취득일자, 계정과목과 취득금액, 감가상각 내용연수 등을 관리하는 장부가 필요합니다. 즉 관리대장을 마련하여 필요한 사항을 기록하라는 말이지요. 이때 장부상의 유형자산에 코드를 부여하고 그 자산 실물에도 같은 코드를 표시해두는 것이 좋습니다. 실물에 코드를 붙여두지 않으면 나중에 시간이 지났을 때 그 실물과 장부상의 유형자산 품목을 일치시키기가 힘들기 때문입니다. 물론 관리대장에 생산회사나 규격, 색상, 제품번호 등을 상세히 기록해두면 찾아낼 수도 있겠지만 시간도 품도 많이 드는 무척 번거로운 일이겠지요.

관리대장과 실물을 일치시킬 수 없으면 분실되거나 폐기처분된 자산을 장부에서 제때 관리할 수 없습니다. 실제로는 없는 가공의 자산이 재무상태표에 그대로 남는 일이 발생하는 겁니다. 또 감가상각비는 물론이고 유형자산의 처분이나 폐기에 따른 손실 또는 이익 역시 제대로 계산하기 어려워집니다.

유형자산을 관리대장에 올릴 때 유의할 점

실무를 하다 보면 회계담당 직원이 유형자산 취득 전표만 회계처리하고 관리대장에 기록하는 것은 깜박 잊어버리는 경우를 자주 목격합니다. 앞에서도 말했다시피 관리대장은 유형자산에 관한 거의 모든 정보가 담겨 있는 매우 중요한 장부입니다. 유형자산의 금액, 감가상각누계액, 장부가액 등이 적혀 있어 유형자산을 일괄적으로 파악할 수 있고 또 재무상태표와도 쉽게 비교할 수 있습니다.

그런데 유형자산을 회계처리만 하고 관리대장에는 등재하지 않으면 관리대장상의 합계와 재무상태표상의 금액이 차이가 날 수밖에 없습니다. 이 차이를 발견하지 못하고 그냥 두면 관리대장에 없는 품목이 재무상태표에 표시될 것입니다. 차후에 그 유형자산을 물리적으로 관리할 근거가 사라지는 것이지요. 예를 들어보겠습니다.

유형자산의 재무상태표 금액과 관리대장 금액의 비교

(단위 : 만 원)

계정과목	재무상태표 금액			관리대장 금액			A-B 차이
	A 취득가액	A′ 상각누계액	A″ 장부가액	B 취득가액	B′ 상각누계액	B″ 장부가액	
공구와 기구	5,200	2,350	2,850	5,000	2,350	2,650	200
집기비품	7,500	3,500	4,000	7,000	3,500	3,500	500

　재무상태표의 유형자산 중 '공구와 기구' 계정과 '집기비품' 계정 금액을 관리대장상의 합계 금액과 비교하니 동일하지가 않습니다. 아마 원인은 둘 중 하나일 것입니다.

　첫째, 유형자산을 구입하여 회계처리를 해놓고도 관리대장에는 등재하지 않았을 것입니다. 둘째, 이미 처분해서 관리대장에서는 삭제해 놓고 그에 관한 회계처리를 하지 않았을 수도 있습니다. 아마 대부분은 첫 번째 경우일 것입니다.

　조금 더 자세히 살펴봅시다. '공구와 기구'의 계정에서 재무상태표 금액이 관리대장 금액보다 200만 원(A-B) 더 많습니다. 그러니까 관리대장에 등재하지 않은 '공구와 기구'가 200만 원어치 더 있다고 추측할 수 있습니다. 그런데 감가상각누계액은 재무상태표 금액(A′)과 관리대장 금액(B′)이 동일합니다. 감가상각누계액은 금액이 똑같으니 적어도 이 부분만큼은 오류가 없는 것일까요?

　보통 감가상각비는 관리대장에서 계산된 금액을 그대로 회계처리합니다. 그러니 관리대장의 감가상각비와 상각누계액은 당연히 재무상태표의 그것과 동일합니다. 그러나 이 표의 경우 관리대장에 200만 원어치의 자산이 빠져 있기 때문에 실제로는 200만 원어치의 감가상각비와 상각누계액이 양쪽 모두에서 누락되어 있습니다. 더구나 장부가액(A″와 B′) 역시도 양쪽이 다릅니다.

이럴 경우엔 어떻게 하면 될까요? 누락된 품목을 찾아서 관리대장에 등재한 뒤에 감가상각비를 새로 계산해서 재무상태표에 반영시키면 양쪽의 금액이 일치하게 되겠지요.

유형자산 중에는 제품의 제조에 사용되는 자산이 있고 판매 혹은 일반관리에 사용되는 자산이 있습니다. 가장 대표적인 예가 공장에서 사용하는 생산용 기계와 회계담당자의 컴퓨터입니다. 생산용 기계는 당연히 제품제조에 직접 사용될 것이고, 회계담당자의 컴퓨터는 당연히 일반관리에 사용됩니다. 하지만 공장에서 쓰는 기계 가동용 컴퓨터는 제품의 제조에 사용된다고 봐야겠지요.

그 외에 제품 제조에 사용되는 유형자산의 예를 들면 공장 건물, 원자재 창고, 기계장치, 공장에서 사용하는 각종 계측기기, 공구, 기구 등을 꼽을 수 있습니다. 판매와 일반관리에 사용되는 유형자산은 영업부서나 관리부서가 사용하는 건물, 대표이사가 타는 자동차, 관리용 컴퓨터 같은 사무실 집기나 비품 등이 대표적이겠지요.

제품의 제조에 사용되는 유형자산은 그 감가상각비를 제조원가에 산입해야 합니다. 앞서 원가와 비용을 다룬 부분에서도 설명했듯 제조원가와 판매비 및 일반관리비는 명확히 구분해야 합니다. 비용을 손익계산서에 반영시키는 시점이 다르기 때문이지요. 판매비와 일반

관리비에 속하는 감가상각비는 즉시 손익계산서에 비용으로 반영되고 제조원가에 속하는 감가상각비는 제품 원가계산을 할 때 제품 원가에 녹아들었다가 제품이 판매될 때 비용으로 인식됩니다.

그러므로 유형자산을 관리대장에 올릴 때는 반드시 그것을 사용하는 부서를 함께 기록해서 비용의 성격을 구분해두어야 하겠습니다.

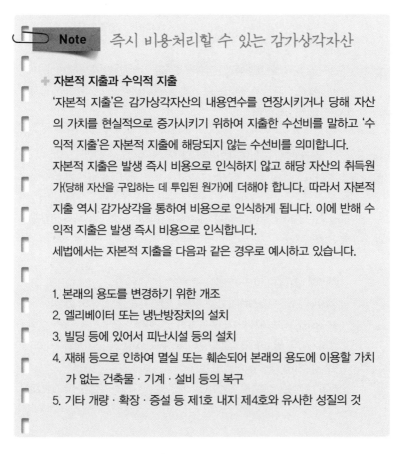

Note 즉시 비용처리할 수 있는 감가상각자산

+ 자본적 지출과 수익적 지출

'자본적 지출'은 감가상각자산의 내용연수를 연장시키거나 당해 자산의 가치를 현실적으로 증가시키기 위하여 지출한 수선비를 말하고 '수익적 지출'은 자본적 지출에 해당되지 않는 수선비를 의미합니다.

자본적 지출은 발생 즉시 비용으로 인식하지 않고 해당 자산의 취득원가(당해 자산을 구입하는 데 투입된 원가)에 더해야 합니다. 따라서 자본적 지출 역시 감가상각을 통하여 비용으로 인식하게 됩니다. 이에 반해 수익적 지출은 발생 즉시 비용으로 인식합니다.

세법에서는 자본적 지출을 다음과 같은 경우로 예시하고 있습니다.

1. 본래의 용도를 변경하기 위한 개조
2. 엘리베이터 또는 냉난방장치의 설치
3. 빌딩 등에 있어서 피난시설 등의 설치
4. 재해 등으로 인하여 멸실 또는 훼손되어 본래의 용도에 이용할 가치가 없는 건축물·기계·설비 등의 복구
5. 기타 개량·확장·증설 등 제1호 내지 제4호와 유사한 성질의 것

+ 감가상각자산을 구입하는 데 소요된 금액과 자본적 지출에 해당하는 금액 중 즉시 비용으로 처리할 수 있는 경우

세법에 따르면 다음과 같은 경우에는 해당 금액을 장부에 기록하면 즉시 비용으로 인식할 수 있습니다.

– 개별 자산별로 수선비로 지출한 금액이 300만 원 미만인 경우
– 개별 자산별로 수선비로 지출한 금액이 직전 사업연도 종료일 현재 재무상태표상의 자산가액(취득가액에서 감가상각누계액 상당액을 차감한 금액)의 100분의 5에 미달하는 경우
– 3년 미만의 기간마다 주기적인 수선을 위하여 지출하는 경우

또한 다음의 것을 제외하고 그 취득가액이 거래단위별로 100만 원 이하인 감가상각자산에 대하여는 이를 장부에 비용으로 기록하면 즉시 비용으로 인정됩니다.

– 그 고유업무의 성질상 대량으로 보유하는 자산
– 그 사업의 개시 또는 확장을 위하여 취득한 자산

그리고 다음의 경우에도 이를 장부에 비용으로 기록하면 즉시 비용으로 인정됩니다.

– 어업에 사용되는 어구(어선용구를 포함함)
– 영화필름, 공구(공형을 포함함), 가구, 전기기구, 가스기기, 가정용 기구·비품, 시계, 시험기기, 측정기기 및 간판
– 대여사업용 비디오테이프 및 음악용 콤팩트디스크로서 개별 자산의 취득가액이 30만 원 미만인 것
– 전화기(휴대용 전화기를 포함함) 및 개인용 컴퓨터(그 주변기기를 포함함)

15
회사의 무형자산을 관리할 때
알아두어야 할 것들

Q 벤처기업을 운영하고 있습니다. 현재 법인을 설립하기 전에 기술을 개발하여 제 이름으로 특허 등록을 했습니다. 그리고 몇 명의 투자자와 함께 회사를 설립하여 특허기술을 상용화하는 작업을 진행하고 있습니다. 특허기술을 개발하기까지 제가 가진 전 재산을 쏟아부었고 회사 설립 후에는 투자자들로부터 조달한 자금으로 특허기술 상용화 연구를 하고 있습니다. 그런데 주주들이 제 명의로 되어 있는 특허를 회사로 넘기라고 자꾸 요구합니다. 제 전 재산이 투입된 특허기술을 회사에 넘겨도 될까요? 또 상용화하는 데 투입된 개발자금은 어떻게 처리해야 할까요?

A 개인이 연구하여 개발한 기술, 기타 재산적 가치가 있는 무형의 자산을 개인 명의로 특허 등의 산업재산권으로 등록하고 회사를 차려 그 기술을 상용화하는 경우는 두 가지로 나누어 설명할 수 있습니다.

첫째, 회사를 개인사업자 형태로 운영하는 경우라면 큰 문제가 없습니다. 혼자서 회사를 차려서 운영하고 이익이 나면 자신이 가져가면 될 테니까요.

둘째, 법인을 설립하여 운영하는 경우도 있을 것입니다. 그런데 이러한 경우에는 신중을 기해야 합니다. 개인과 법인은 별개의 인격체입니다. 따라서 개인 소유의 산업재산권—이 경우는 산업재산권이 특허입니다—을 법인이 사용할 때는 설사 자신이 설립한 법인이라 하더라도 그 법인은 어떠한 형식으로든 산업재산권 사용에 대한 대가를 지불해야 합니다.

더구나 여러 투자자로부터 자금을 조달하여 운영하고 있다면 투자자들의 입장에서는 특허 발명자 명의로 되어 있는 특허를 자신들이 투자한 회사 명의로 바꾸길 원할 것입니다. 어떤 사업의 미래를 보고 투자했는데 그 사업을 할 수 있는 기술의 주인이 법인이 아닌 기술개발자의 것으로 남아 있다면 안정적으로 사업을 계속할 수 있다는 보장이 없기 때문입니다. 기술개발자가 그 특허를 전혀 상관없는 제3자에게 부당하게 양도를 할 수도 있고 불행한 일이 발생하여 특허가 그 자녀에게 상속될 수도 있기 때문입니다.

따라서 특허를 임대하는 조건으로 투자를 받지 않는 한 특허는 사업을 영위하는 주체인 법인의 명의로 바꾸는 것이 타당합니다.

특허 양도의 대가는?

특허 등 산업재산권을 법인 명의로 이전해주고 그 대가를 받기로 했다면 얼마를 받아야 할까요? 중요한 것은 설사 그 법인이 100% 특허 소유자가 출자한 기업이라 하더라도 개인이 법인에게 대가를 받고 특허를 양도할 때에는 '공정한' 가액으로 매매를 해야 한다는 점입니다. 그냥 대충 '감'으로 금액을 결정하면 그 금액의 공정함을 증명하는 데 어려움을 겪습니다. 보통은 그 기술이 아직 매매된 적이 없을 것이기에 더욱 그렇습니다. 그렇다고 기술평가기관에 평가를 의뢰하자니 비용이 만만치 않습니다.

그러므로 가족 등의 특수관계인을 포함하여 자신이 법인을 100% 소유하고 있다면 구태여 산업재산권의 명의를 법인으로 바꾸지 않아도 괜찮을 듯합니다. 객관적인 가격도 없는 상태에서 굳이 비용까지 들여가면서 바꿀 필요가 없을 테니까요. 더구나 그런 법인의 대부분은 산업재산권의 매매대금을 지불할 여력도 없습니다.

그런데도 굳이 명의를 바꾸기 위해 가격을 책정한다고 가정해봅시다. 특허 소유자 자신이 생각하는 특허의 가치는 50억이 넘습니다. 너무나 힘들여 개발한 기술이니까요. 하지만 사회통념상 그 기술로는 1년에 1억 원의 이익도 남기기 힘듭니다. 그 기술을 자신이 생각하는 가치대로 50억 원에 평가하여 법인에게 양도한다면 세무당국이 그 거래를 공정하다고 판단하겠습니까? 당연히 불공정 거래로 판단하겠지요. 그 결과 자신은 비싸게 팔았으니 소득세를 많이 물고, 법인은 부당하다고 생각되는 금액만큼 비용으로 인정받지 못합니다. 세금을 이중으로 내야 하는 것이지요.

따라서 상황에 따라 다르겠지만 개인 소유의 산업재산권을 법인에게 양도할 때는 신규 투자자를 모집하는 등 회사에 중요한 구조 변동이 있을 때라고 판단됩니다. 자신과 특수관계가 없는 투자자가 많다면 그 여러 주주들이 모여 주주총회를 열어 자신 소유의 산업재산권을 법인이 인수하기로 결의를 하면 될 테니까요. 그러면 아무런 문제가 없을 것입니다. 서로 독립적인 이해관계를 가진 타인들이 모여 내린 가격 결정은 공정한 것으로 보이기 때문입니다. 그보다 더 바람직한 방법은 자금 여력이 있을 때까지 기다렸다가 기술평가기관의 평가를 받아서 매매를 하는 것입니다. 문제가 발생할 가능성도 가장 낮은 방법이겠지요.

특허를 법인에 양도한 개인은 법인으로부터 받은 양도 대금을 기타소득으로 신고해야 합니다. 기타소득은 종합소득의 한 종류로, 소득금액이 300만 원 이상일 때 매년 5월 31일까지 종합소득세 신고를 해야 합니다.

예를 들어 법인으로부터 특허 양도 대가로 10억 원을 받았다면 그중 80%는 비용으로 인정되므로 20%가 기타소득금액으로 산출됩니다. 즉 2억 원을 종합소득 신고할 때 소득금액에 포함시켜 세금을 계산합니다.

'수입금액'과 '소득금액'은 다른 의미입니다. 예를 들어 우리가 연봉을 5,000만 원 받았다면 5,000만 원은 '수입금액'이고 그 금액에서 근로소득공제를 차감한 금액이 '소득금액'이 됩니다. 근로소득공제는 다른 종류의 소득과 마찬가지로 근로하는 데 들어간 비용으로 인정을 해주는 금액입니다. 물론 아주 작은 금액이긴 합니다.

기타소득도 필요경비를 인정해주는 소득이 있고 그렇지 않은 소득이 있습니다. 필요경비를 인정해주는 경우에는 보통 80%를 인정해줍니다. 상당히 큰 금액이죠? 특허를 양도하고 받은 대가도 그동안의 노고를 고려하여 80%를 필요경비로 인정합니다. 그래서 위 10억 원의 경우 8억 원에 대하여는 세금을 내지 않고 2억 원에 대해서만 세금을 계산하게 됩니다. 그래서 특허를 10억 원에 양도한 사람은 자신의 급여 등 다른 종합소득 대상 소득에 위 기타소득금액 2억 원을 가산해서 세금을 계산합니다.

특허를 대여하거나 매입하려면

법인에 특허를 양도하지 않고 일정 기간을 정해서 대여하는 경우도 있습니다. 이 경우 보통 해당 제품 매출액의 일정 부분을 사용료(royalty)로 받게 됩니다. 세법에서는 이런 사용료도 반복적, 계속적으로 수령하는 경우 사업자로 보기 때문에 사업자등록을 해야 하며 종합소득세 신고를 할 때 기타소득이 아닌 사업소득으로 신고합니다. 또 특허사용료에 대한 부가가치세도 징수되기 때문에 그 금액을 특허를 사용하는 법인으로부터 받아서 납부해야 합니다. 좀 복잡하죠?

그래서 특허대여료를 일시에 수령하는 것도 좋은 방법일 수 있습니다. 예를 들어 10년 동안의 사용을 허락하고 그 10년에 해당하는 대여료를 한꺼번에 받는 겁니다. 그럼 반복적·계속적 수령이 아니기 때문에 기타소득으로 신고할 수 있고, 상당한 세금 감면 효과를 거둘 수 있을 테니까요. 그러나 이런 경우 그 제품의 향후 성공 여부가 불투명하다는 문제점이 있습니다. 잘 팔릴지 안 팔릴지, 얼마나 팔릴지 모르는 상황에서 미리 사용료를 받아버리면 나중에 그 제품이 대박이 나서 큰 손해를 볼 수도 있지 않겠습니까?

대가를 지불하고 특허를 회사 명의로 이전시킨 경우 그 금액을 적절한 계정—예를 들어 '무형자산' 중 산업재산권—에 계산해서 올리고 감가상각을 해야 합니다. 세법에서 따르면 특허권은 10년에 걸쳐 정액법으로 상각하도록 되어 있습니다. 따라서 위의 경우 10억 원을 주고 특허권을 매입했으므로 1년에 1억 원의 감가상각비가 계상될 것입니다. 특허를 대여받았다면 매년 지급하는 특허사용료를 지급수수료 등으로 비용처리하면 됩니다.

특허를 매입한 경우 매입한 법인이 중소기업에 해당된다면 매입금액의 100분의 7을 법인세에서 공제받을 수 있습니다. 중소기업에 해당되는 개인사업자가 특허를 매입해서 자신의 사업에 사용하는 경우에도 마찬가지로 같은 금액을 소득세에서 공제받을 수 있습니다. 단 법인의 주주나 대표이사 등이 아닌, 법인과 세법에서 정한 특수관계가 없는 내국인으로부터 매입한 경우에 한합니다. 이 제도가 기술이전을 장려하는 취지에서 만들어진 만큼 악용을 막기 위해 특수관계자가 아닌 사람끼리의 거래에 대해서만 혜택을 주기 때문입니다.

정리해보면 특허를 특수관계자가 아닌 내국법인으로부터 10억 원을 주고 매입했다면 그중 100분의 7에 해당하는 7,000만 원을 자신이 내야 하는 세금에서 공제를 받을 수 있다는 말이겠지요.

개발비 관리에도 유의하라

특허를 외부에서 사다가 제품으로 상용화시키든, 자체적으로 기술연구를 해서 신제품을 개발하든, 이때 발생한 개발비를 관리하는 일

역시 매우 중요합니다. 특히 여러 개의 프로젝트를 동시에 진행하는 경우에는 기계를 동시 제작할 때(157쪽 참고)와 매우 유사하게 주의가 필요합니다.

개발비는 보통 신제품을 판매 가능한 상태로 만드는 데 들어가는 비용이라고 생각하면 큰 무리가 없습니다. 미래에 판매할 것을 목적으로 기존에 없던 새로운 제품을 개발하는 데 들어간 비용이므로 미래의 경제적 효익이 있다고 보아 자산으로 처리합니다. 그리고 자산 중에서도 '무형자산'으로 처리합니다.

좀 더 정확한 정의를 원하는 분들을 위해서 세법의 규정을 소개해드리겠습니다. 개발비란 '상업적인 생산 또는 사용 전에 재료·장치·제품·공정·시스템 또는 용역을 창출하거나 현저히 개선하기 위한 계획 또는 설계를 위하여 연구 결과 또는 관련 지식을 적용하는 데 발생하는 비용으로서 당해 법인이 개발비로 계상한 것'입니다.

이 개발비는 제품 개발이 완료되어 사용 또는 판매가 가능한 시점부터 20년 내의 기간에 걸쳐 균등한 금액으로 나누어 상각함으로써 비용으로 처리할 수 있습니다. 물론 상각하기 전에 몇 년에 걸쳐 상각하겠다고 세무서에 신고를 해야 합니다.

현재 우리나라 세법은 기술개발 활동에 많은 혜택을 주고 있습니다. 예를 들어 일정한 요건을 갖춘 '신성장 동력 산업 연구개발 업무'나 '원천기술 연구개발 업무'에 대해서는 지출액의 20%(중소기업의 경우에는 30%)를 세액공제, 즉 현금으로 납부해야 할 세금에서 공제해주고 있습니다. 예를 들어 한 중소기업이 위에서 말한 연구개발 업무에 1억 원을 사용했다면 그중 3,000만 원을 공제해주는 것이지요. 그만큼의 금액을 중소기업의 기술개발에 보조해준다는 취지입니다. 따져보면 상당히 큰 혜택이 아닐 수 없습니다. 또 일반 연구개발 업무에 대해서도 몇 가지 계산 방식이 있으나 기본적으로 중소기업의 경우 발생 금액의 25%를 세금에서 공제해주고 있습니다. 그 밖에도 연구용 시설, 연구개발 준비금―미래에 지출할 연구개발비를 미리 적립한 금액―에 대한 세금 혜택 등이 있습니다.

개발비는 주로 인건비와 연구에 들어가는 재료비 등으로 구성되는 만큼 세금 혜택도 그 비용과 관련하여 주어집니다. 기술 개발을 위해 법에서 정하는 대로 연구소를 설립하거나 연구전담부서를 만든 후 그곳에서 일하는 연구원의 인건비를 개발비로 계상하고 세금 혜택을 받았습니다. 그런데 나중에 자세히 살펴보니 그중 몇 사람은 법에서 정한 연구 활동을 하지 않고 이미 제작된 기계의 수선 유지 업무만 담당하고 있었습니다. 당연히 이들의 인건비는 세금혜택을 받을 수 없는 부분입니다. 따라서 나중에라도 그 사실이 밝혀지면 추후에 세금을 추징당하는 불이익을 당할 수 있습니다. 잘못 받은 혜택이었으니 마땅히 나라에 되돌려줘야겠지만 그동안 금액이 쌓였을 것이므로 적지 않은 액수일 것입니다. 이렇듯 잠깐의 관리 소홀은 항상 큰 문제로 부메랑이 되어 되돌아오는 법입니다.

그러므로 연구개발에 투입되는 인건비나 재료비 등도 그 성격을 정확히 파악하여 세법에서 정한 요건에 맞는 금액에 대해서만 혜택을 받아야 합니다.

만약 제품 상용화에 실패한다면?

여러 개의 신제품을 동시에 개발하는 경우 각 프로젝트별로 투입되는 비용을 구분하여 기록해두어야 합니다. 무형자산도 유형자산과 마찬가지로 미래의 경제적 효과 및 이익이 있는 자산이므로 그 자산의 취득에 소요된 금액을 정확히 측정해야 합니다.

앞에서 말한 바와 같이 개발비는 판매 또는 사용 가능한 시점부터 감가상각을 통해 비용으로 처리할 수 있습니다. 그런데 A프로젝트에 투입된 비용을 B프로젝트에 투입된 것으로 기록한다면 A개발비와 B개발비의 취득 금액이 달라집니다. 그로 인해 일단 프로젝트 성과 측정에 문제가 생길 것이고 감가상각비도 부정확하게 계산됩니다. A프로젝트는 실제보다 비용이 덜 투입된 것으로 기록되므로 감가상각비도 적게 계산되겠죠. 만약 A프로젝트가 먼저 완성되어 B프로젝트보다 먼저 상각이 시작된다면 그 시기의 회사 전체의 감가상각비가 실제보다 적게 계산됨으로써 기업의 이익도 실제보다 부풀려 보입니다. 반대로 B프로젝트가 먼저 완성되어 감가상각이 시작된다면 기업의 이익이 실제보다 적어 보이겠지요.

자산의 원가를 정확히 측정하는 일은 이와 같이 기업의 순이익을 올바르게 계산하는 데 아주 중요합니다.

한편 새로운 기술을 적용하여 신제품을 개발할 때 꼭 성공하리라는 보장은 없습니다. 기술은 좋아도 시장성이나 경제성이 없는 경우가 아주 많은 것도 사실입니다. 또한 제품을 대량생산하는 것 자체가 불가능한 기술도 있습니다.

이와 같이 많은 비용과 시간을 들여 제품 개발에 몰두했으나 불행하게도 여러 가지 이유로 제품 상용화에 성공하지 못하고 프로젝트가 실패로 돌아갈 수 있습니다. 이런 경우 그 프로젝트와 관련하여 투입된 금액을 무형자산으로 기록해둔 개발비는 어떻게 손실 처리하느냐 하는 문제가 생깁니다.

세법에는 개발 과정을 사실상 포기하거나 취소하는 것이 확정된 때에 그 개발비를 비용으로 처리할 수 있다고 규정되어 있습니다. 따라서 개발부서의 회의록이나 품의서, 이사회의사록, 개발 활동과 관련한 외부업체와의 이메일 등 확인 가능한 서류를 증빙으로 보관하는 상태에서 발생된 개발비를 비용으로 처리해야 할 것입니다.

16

5,000만 원을 번 것일까,
5,000만 원을 날린 것일까?

Q 얼마 전에 낡은 사무용 가구 여러 점을 폐기처분했는데 경리 직원이 그 사무용 가구가 장부에서 어느 항목에 포함되어 있는지 도무지 알 수가 없다고 합니다. 유형자산 관리대장을 작성하고는 있지만 그 사무용 가구를 언제 구입한 건지, 장부에 나열되어 있는 비슷한 품목 중 어느 것에 포함되어 있는지 알 수가 없다며 울상입니다. 실제로 존재하지 않는 자산은 장부에서도 없는 것으로 처리해야 할 것 같은데 어떻게 관리하면 좋을까요?

A 사업을 처음 시작하거나 사무실 및 공장을 이전할 때는 아무래도 필요한 품목을 한꺼번에 사게 되겠지요. 그런데 이때 각 품목별로 금액을 구분하지 않고 그냥 뭉뚱그려 '책상 외 4건 200만 원'과 같은 식으로 장부에 올리는 회사들이 의외로 많습니다. 몇 년이 흐른 후에 그 4건의 내용이 무엇인지 확인하려면 번거롭게 다시 그 당시의 회계전표를 찾아봐야 할 것입니다. 또 설사 회계전표를 찾는다 하더라도 비슷한 비품이 많다 보면 그 4건이 뭘 가리키는

지 알 수가 없습니다. 물론 감가상각비를 계산할 때는 품목별로 일일이 계산을 하나 뭉뚱그려서 계산을 하나 결과는 같겠지만, 장부상의 기록과 실물이 일치되지 않으면 여러 가지 낭비 요인이 발생합니다.

업무용 비품 관리에도 전략이 필요하다

비품은 사용하다 보면 당연히 고장 나고 파손되고 분실되는 것들이 있기 마련입니다. 혹은 중고품으로 처분을 할 수도 있습니다. 그런데 유형자산 관리대장에 품목별로 구분이 되어 있지 않으면 이런 품목을 장부에서 제거하기가 매우 곤란합니다. '책상 외 4건 200만 원'에 해당하는 품목이 책상 1개, 의자 4개였는데 그중 의자 1개가 파손되었다면 그 의자 한 개의 취득원가가 얼마였고 감가상각누계액이 얼마이며 그래서 손실이 얼마 발생했는지 취득 당시의 전표를 추적하지 않는 한 알기가 매우 힘들다는 것입니다. 물론 금액이 사소하면 대충 넘어갈 수도 있겠으나 아무리 사소한 것이라도 비용을 더 들이지 않고도 잘 관리하는 습관을 기르는 것이 중요합니다. 티끌이 모여서 태산이 되는 법입니다. 작은 것부터 잘 관리하는 습관을 키워야 기업 전체를 투명하고 효율적으로 관리할 수 있을 것입니다.

대부분의 업체는 제품을 판매할 때 거래명세표와 세금계산서를 발행합니다. 여러 가지 물건을 한꺼번에 판매하는 경우 통상적으로 세금계산서에는 '책상 외 10건'과 같은 식으로 일괄적으로 표시하지만 거래명세서에는 일일이 품목마다 수량과 금액을 구분해서 기재합니다. 그러므로 '유형자산 관리대장'을 작성할 때는 거래명세서를 참고

해서 품목별로 구분하여 기록하도록 합니다. 아래의 표를 보면서 생각해보기로 하지요.

'책상 외 4건'의 감가상각 내역

계정과목 : 집기비품

(한꺼번에 표시하는 경우)

품명	취득일자	취득금액	감가상각 내역 (내용연수 5년, 정액법)			감가상각 누계액	장부가액	처분가액	처분손실
			2013	2014	2015				
책상 외 4건	2013.1.1	2,000,000	400,000	400,000	400,000	1,200,000	800,000	10,000	?

(품목별로 표시하는 경우)

품명	취득일자	취득금액	감가상각 내역 (내용연수 5년, 정액법)			감가상각 누계액	장부가액	처분가액	처분손실
			2013	2014	2015				
책상 C-1	2013.1.1	800,000	160,000	160,000	160,000	480,000	320,000		
의자 C-1	2013.1.1	300,000	60,000	60,000	60,000	180,000	120,000		
의자 C-2	2013.1.1	300,000	60,000	60,000	60,000	180,000	120,000		
의자 C-3	2013.1.1	300,000	60,000	60,000	60,000	180,000	120,000		
의자 C-4	2013.1.1	300,000	60,000	60,000	60,000	180,000	120,000	10,000	110,000

한꺼번에 구입한 책상 한 개와 의자 네 개를 위와 같이 두 가지 방법으로 관리대장에 등록했습니다. 감가상각 방법은 내용연수 5년의 정액법을 사용했다고 가정했습니다.

2013년 1월 1일에 책상 한 개와 의자 네 개를 한꺼번에 200만 원을 주고 구입했다가 2016년 1월 1일에 파손된 의자 한 개를 고물상에 1만 원을 받고 처분했습니다. 그리고 200만 원을 5년간 정액법으로 감가상각했더니 감가상각비는 1년에 각각 40만 원씩이었습니다.

구입 내역을 관리대장에 한꺼번에 기록한 경우 취득금액과 매년의 감가상각비가 각각 200만 원과 40만 원으로 한꺼번에 표시됩니다. 2013년부터 2015년 말까지 3년간의 감가상각누계액이 120만 원(40만 원×3년)이므로 책상과 의자 네 개의 장부가액은 80만 원(200만 원−120만 원)이 됩니다. 이런 상황에서는 파손되어 처분한 의자 C-4의 개별 취득금액, 감가상각누계액, 장부가액을 알 수 없으므로 의자 한 개의 처분에 따른 처분손실 혹은 처분이익을 인식할 수 없게 됩니다. 처분손실이나 이익은 손익계산서에 반영되어야 하는데 이를 계산할 수 없다면 곤란해지겠지요?

이번에는 품목별로 표시하여 관리하는 경우를 살펴봅시다. 위 표에서 보는 바와 같이 파손되어 처분된 의자가 C-4임을 알 수 있고, 그 의자의 취득금액은 30만 원, 3년간의 감각상각누계액은 한 해에 6만 원씩 계산하여 총 18만 원이라는 것도 잘 알 수 있습니다. 나아가 그 의자의 장부가액이 30만 원에서 18만 원을 차감한 12만 원이며, 장부가액 12만 원과 처분가액 1만 원과의 차이 11만 원이 처분손실이라는 것도 역시 잘 알 수 있습니다.

실제로 많은 중소기업들이 한꺼번에 자산을 구입하는 경우 품목별로 나누지 않고 한꺼번에 기록을 하는 바람에 세월이 흐른 후 여러 가지 어려움을 겪습니다. 물론 대부분은 큰 금액이 아니어서 재무제표에 지대한 영향을 미치지는 않지만, 깨끗하고 투명한 관리의 장점은 아무리 강조해도 지나치지 않은 법입니다.

토지와 건물은 구분하라

사무실을 구입하거나 공장 건물을 구입할 때 대부분은 토지와 건물을 함께 취득합니다. 이 경우 토지에 해당하는 취득금액과 건물에 해당하는 취득금액을 반드시 구분해야 합니다. 토지는 부가가치세법상 면세가 되는 재화이고 소득세나 법인세법상 소득을 계산할 때 감가상각을 할 수 없는 반면, 건물은 부가가치세를 내야 하고 소득 계산을 할 때 감가상각비를 비용으로 인정을 받을 수 있기 때문입니다.

예를 들어 10억 원을 주고 건물을 매입했다고 가정해봅시다. 그중 6억 원은 토지에 해당하는 금액이고 4억 원은 건물에 해당하는 금액입니다. 그렇다면 건물분 4억 원에 대해서는 부가가치세를 내야 하고, 세법에서 정하는 내용연수에 따라 그 4억 원의 감가상각비를 일정하게 장부에 기록하여 비용으로 인정받을 수 있습니다.

물론 부동산을 파는 사람이 세금계산서를 발행할 수 있는 일반사업자라면 큰 문제가 없습니다. 토지와 건물의 시세를 각각 구분해서 토지에 대한 계산서(6억 원)와 건물에 대한 세금계산서(공급가액 4억 원, 부가가치세 4,000만 원)를 발행해줄 것이고, 그러면 그 금액대로 장부에 기록하면 그만입니다. 하지만 부동산을 판 사람이 사업자가 아닌 일반 개인인 경우에는 세심한 주의가 필요합니다. 개인은 계산서나 세금계산서를 발행할 수 없습니다. 또 토지 금액과 건물 금액을 굳이 구분하여 매도할 필요성을 느끼지 못할 것입니다. 그러니 그냥 자신이 소유한 토지와 건물을 총 10억 원에 판다고 생각할 것이고 부동산 매매계약서에도 구태여 구분할 필요 없이 10억 원으로 매매금액을 기재할 테니까요.

후자의 경우 총 매매금액 10억 원을 토지와 건물의 가액으로 나누어야 하는데 건물 가액을 많이 잡으면 매년 비용으로 처리되는 감가상각비가 커질 것이고 건물 가액을 적게 잡으면 감가상각비가 줄어듭니다. 그뿐 아니라 각종 부동산 관련 세금에도 영향을 미칠 수 있을 겁니다.

토지나 건물 등을 함께 취득하여 가액의 구분이 불분명할 때는 기본적으로 각 자산의 시가—특수관계인이 아닌 사람들 사이에서 정상적으로 거래를 했을 때의 가격 등—를 구하여 그 비율대로 안분하도록 법에서 규정하고 있습니다. 그러나 각 자산별로 시가를 구하는 것이 현실적으로 그리 쉬운 일은 아닙니다. 땅과 건물을 한꺼번에 매입했는데 땅 따로 건물 따로 시가를 구하는 것이 거의 불가능하지 않겠습니까?

그래서 세법에서는 시가가 불분명할 경우 감정평가기관의 감정평가서가 있으면 그것을 우선 적용하고 그런 것이 없으면 토지는 공시지가, 건물은 국세청장이 고시한 가격을 적용하도록 규정하고 있습니다.

하지만 중요한 것은 토지와 건물의 가액을 구분하는 기술적인 방법이 아닙니다. 토지와 건물을 한꺼번에 샀을 때는 반드시 그 가액을 구분하여 관리할 필요가 있다는 점입니다. 개인이라면 이런 복잡한 절차를 거칠 필요가 없습니다. 그냥 필요한 부동산을 샀다가 팔면 그만입니다. 하지만 사업자는 다릅니다. 부동산을 사업에 사용하고자 취득했을 경우에는 잊지 말고 반드시 토지와 건물을 구분하여 장부에 기록해야 합니다.

기계를 동시에 제작할 경우

흔한 일은 아니지만 제조업체에서 제품 제조에 필요한 기계를 자체적으로 직접 제작하는 경우가 있습니다. 이때 기계 제작에 투입된 원가는 유형자산 중 '기계장치'의 계정과목에 기록합니다. 물론 기계가 완성되기 전이라면 '건설 중인 자산'의 계정에서 관련 원가를 집계해야 하겠지요.

예를 들어봅시다. 어떤 공장에서 A-1이라는 기계를 제작합니다. 그럼 A-1에 관련된 모든 투입원가는 A-1의 취득원가에 들어가겠지요. 하지만 이 기계를 유형자산 관리대장에 기록할 때는 A-1의 모든 부속품들을 나열하는 게 아니라 'A-1' 한 품목으로 등재합니다. 그리고 별도의 자료를 마련하여 A-1을 제작하는 데 소요된 각종 부품들의 수량과 매입 금액 등을 기록하여 보관합니다.

그런데 기계 제작 부서에서 구매의뢰서나 지출결의서를 작성할 때 각 부품이나 지출이 어느 기계와 관련된 것인지를 명확히 구분하지 않으면 경리부서 역시 그 지출 건을 어느 기계에 기록해야 할지 알 방법이 없습니다. 당연히 자체 제작하는 기계에 얼마만큼의 자금이 투입되었는지 알 수가 없겠지요.

특히 두 대의 기계를 동시에 제작하는 경우라면 혼란은 가중될 수 있습니다. 기계제작부서에서 기계 A-1과 A-2를 동시에 제작 중입니다. A-1은 한 달 후에 완성 예정이고 A-2는 그보다 1년 늦게 완성될 예정입니다. A-1에 장착될 엔진 1개를 1억 원에 샀는데 기계제작 부서에서 착오로 A-2에 장착될 것으로 기록을 하여 구매부서에 구매를 의뢰했거나, 경리부서에서 임의로 A-2에 장착되는 것으로 기록했다면 어떻게 될까요? A-1의 제작원가는 실제보다 낮게 책정될 것이고 더불어 A-1의 감가상각비도 실제보다 적게 계산될 것입니다. 그리고 A-2가 완성되는 시점까지 회사의 총 감가상각비도 적게 계산됩니다. 물론 A-2의 감가상각비는 실제보다 더 많은 것으로 나타나게 되겠죠.

오류가 발생하였을 때의 감가상각비 비교

기계 구분	완성 시기	바르게 기록하였을 때			1억 원을 잘못 기록하였을 때		
		제작 원가	1년 상각비		제작 원가	1년 상각비	
			A-1 완성 A-2 미완성	A-1 완성 A-2 완성		A-1 완성 A-2 미완성	A-1 완성 A-2 완성
A-1	1월	6억 원	6,000만 원	6,000만 원	5억 원	5,000만 원	5,000만 원
A-2	다음 해 1월	2억 원	0	2,000만 원	3억 원	0	3,000만 원
합계		8억 원	6,000만 원 (a)	8,000만 원	8억 원	5,000만 원 (b)	8,000만 원

위의 표에서 보면 기계 A-1이 완성되고 A-2가 미완성인 상태에서 1억 원의 오류가 발생했을 때 감가상각비는 1,000만 원(a-b) 적게 계산되는 것을 알 수 있습니다. 감가상각비는 10년에 걸쳐 상각한다

고 가정하고 계산했습니다.

혹시 이 기계를 팔 일이 생기면 어떻게 될까요? 만약 장부에 기록된 A-1의 제작원가가 5억 원이고, 앞에서 예로 든 엔진처럼 누락된 부품의 총 합계가 1억 원이라면 실제 A-1의 총 제작원가는 6억 원일 것입니다. 그런데 다른 기업에서 그 기계를 5억 5,000만 원에 사간다면 장부상으로는 5,000만 원 이익을 보았지만 실제로는 5,000만 원 손해를 본 것입니다. 이익을 봤다고 좋아하겠지만 실은 자기도 모르는 사이 5,000만 원이나 되는 큰돈을 날린 셈이지요.

완성하여 판매하였을 때 처분손익 비교

기계 구분	바르게 기록하였을 때			1억 원을 잘못 기록하였을 때		
	제작원가	처분가액	처분손익	제작원가	처분가액	처분손익
A-1	6억 원	5억 5,000만 원	5,000만 원 손실	5억 원	5억 5,000만 원	5,000만 원 이익
A-2	2억 원	3억 원	1억 원 이익	3억 원	3억 원	없음
합계	8억 원	8억 5,000만 원	5,000만 원 이익 (a)	8억 원	8억 5,000만 원	5,000만 원 이익 (b)

물론 자체 노하우로 힘들게 만든 기계를 다른 기업에 팔아먹는 회사는 없을 것입니다. 하지만 자산의 원가를 정확하게 측정하는 것이 얼마나 중요한지를 설명하기 위해 이와 같은 상황을 가정해본 것입니다. 만약 A-1의 실제 제작원가가 6억 원이라는 것을 알았다면 그 기계를 5억 5,000만 원에 매각하지는 않았을 것입니다. A-1만의 문제가 아닙니다. A-2의 경우에도 역시 제작원가가 부정확하므로 잘못된 의사결정을 내릴 소지가 다분합니다.

관리 환경이 열악한 중소기업일수록 현금의 입출에만 촉각을 곤두세울 뿐 기타 회계 관리에는 별 관심이 없습니다. 그러나 외투기업, 즉 우리나라에 투자한 외국기업들을 보면 회사 규모가 아무리 작아도 엄격하게 회계 원칙을 지키며 회계 관리를 아주 중요시합니다. 회계 관련 업무를 담당하는 직원에 대한 대우도 상당히 좋은 편입니다. 물론 모기업의 규모가 상당하고 관리 시스템도 잘되어 있어서 그렇겠지만 어쨌거나 회계 관리를 최우선으로 생각한다는 인상은 지울 수가 없습니다.

앞에서 설명한 경우도 허술한 회계 관리의 대표적인 사례겠지요. 기계의 제작원가를 구분하지 않고 뭉뚱그려 기록해놓으면 홍수나 화재로 기계가 못 쓰게 되더라도 장부에서 얼마를 제거해야 할지 알 수가 없을 겁니다. 자신이 사용하는 자산에 얼마만큼의 현금이 투입되었는지 정확히 알아두는 습관이 관건이라 하겠습니다.

17

매출을 늘리거나 비용을 줄이면
무조건 좋은 것인가?

Q 플라스틱 사출 성형업을 소규모로 하고 있습니다. 생각보다 매출이 크게 증가하여 생산라인을 늘리는 것을 심각하게 고려하고 있습니다. 그러려면 각종 설비를 추가하는 것은 물론 협소한 공장의 이전까지도 염두에 둬야 하는 실정입니다. 지금대로라면 공장을 확장시켜도 큰 무리는 없어 보이는데 혹시 주문이 감소한다면 대부분 대출로 충당해야 하는 시설자금을 상환하는 데 어려움을 겪을까 봐 걱정입니다. 이럴 때에는 어떤 것을 고려해야 할까요?

A 몇 년 전 해운업 경기가 아주 좋았을 때가 있었습니다. 그 시기에 한 회사는 해운업의 호경기가 계속될 것이라 예측하고 비싼 가격에 화물선 여러 대를 빌리는 계약을 맺었습니다. 그러나 얼마 가지 않아 세계 금융위기가 닥쳐와서 그 회사는 엄청난 위기에 처한 적이 있었습니다. 반면 외국의 어떤 회사는 해운업 불경기에 선박을 아주 싸게 사두었다가 호경기 때 큰 이익을 봤고 금융위기 때조차 이익을 내는 경영을 했습니다.

이와 같이 미래를 정확히 예측하는 일은 매우 어렵습니다. 대기업 조차도 미래 예측에 실패하여 위기에 빠지는데 하물며 소규모 회사들이 미래를 정확히 예측하기란 거의 불가능에 가깝습니다. 그렇다고 무조건 미래를 비관하여 보수적인 경영을 한다면 그 자체로 기업이 경쟁에서 밀려 위기를 맞을 수도 있습니다.

정답은 없지만 한 가지 생각해볼 것이 있습니다. '같은 상황이 계속되지는 않는다'는 것입니다. 위에서 예를 든 해운사 중 한 회사는 현재의 상황이 계속될 것이라고 예측해 무리하게 고가로 선박을 빌리는 계약을 했고 한 회사는 지금은 불경기이지만 언젠가는 호경기가 온다는, 현재의 상황은 변할 것이라는 예측을 하고는 선박을 저렴하게 사두었습니다.

주식시장에서 며칠간 급등했던 주식을 여전히 사려는 사람이 있는 것은 그 급등하는 상황이 계속되리라고 예측하기 때문일 것입니다. 물론 급등하는 주식에 올라타서 큰돈을 버는 전문가도 있겠습니다만 대부분의 개인 투자자는 결국 손실을 본다는 것이 정설입니다. 자살을 하는 사람들도 현재의 비극적인 상황이 계속될 수밖에 없으므로 차라리 죽는 게 낫다고 판단하고 스스로 목숨을 끊습니다. 대부분의 의사결정은 현재의 상황이 계속될 것이라는 예측하에 이루어진다고 생각합니다.

사업이나 개인의 인생사나 어떤 주기가 존재하는 것은 분명한 사실입니다. 사업상의 주기를 우리는 '경기'라고 부릅니다.

매출을 늘리기 위해 고정비도 늘린다면?

공장 면적의 확대나 추가적인 공정의 증설 없이도 매출이 늘어난다면 그보다 더 좋은 일은 없을 것입니다. 적어도 판매단가가 변동비보다는 높을 테니까요. 예를 들어 가동률이 60%에 그치고 있는 기계를 매출이 늘어나 80%까지 가동률을 올릴 수 있다면 분명히 이익은 공헌이익 증가액만큼 늘어날 것입니다. 그리고 그 이익은 가동률 100%에 이를 때까지 크게 늘어납니다.

그러나 주문이 더 밀려들어와 보유하고 있는 설비로는 도저히 주문량을 맞추지 못할 정도에 이르렀을 때는 설비를 추가로 설치해야할 것입니다. 그러나 이때에는 좀 더 복잡한 문제가 대두됩니다. 설비를 추가로 설치하면 고정비가 늘어나게 됩니다. 그 설비에 대한 감가상각비, 설비를 운영하는 추가 인건비, 그 설비가 차지하는 공간에 대한 추가적인 비용 등이 새로 발생합니다.

그래서 설비를 증설함으로써 새로 증가되는 비용을 새로운 설비가 창출하는 공헌이익으로 충당하고도 남음이 있어야 합니다. 즉 늘어난 매출액에서 변동비를 뺀 금액이 새로 증설하는 설비와 관련된 고정비보다 커야 한다는 의미가 되겠습니다. 예를 들어 새로운 설비에 대한 감가상각비를 포함하여 1년에 고정비가 1억 원 추가된다면 증가되는 매출액에서 재료비 등 변동비를 뺀 공헌이익이 1억 원 이상되어야 한다는 의미입니다. 설비 감가상각비를 5년에 나누어 인식을 한다면 5년간 위와 같은 계산이 지속되어야 한다는 것이죠.

그런데 설비를 증설한 뒤 1년 동안의 매출은 그런 대로 고정비를 충당하고도 남는데 경기가 갑자기 얼어붙어 그 후부터 매출이 급감한다면 얘기는 또 달라집니다. 새로 추가한 설비 때문에 비용이 많이 늘어나서 이익을 깎아먹을 수도 있다는 얘기입니다.

따라서 매출의 증가가 여러 산업적인 환경변화로 인해 지속적일 것이라 판단될 때에는 과감한 투자를 하여 설비를 증설하거나 공장을 확장해야겠지만 일시적인 거래선의 변화나 우발적인 상황 변화로 인한 매출 증가라고 판단된다면 좀 더 신중을 기해야 합니다.

예를 들어 어떤 회사는 발주처에서 앞으로 3년 동안 매년 100억 원씩 구매하겠다는 발주처 임원의 말만 믿고 공장을 대폭 확장했다가 실제로 구매가 이루어지지 않아서 도산한 극단적인 사례가 있습니다. 그 정도로 공장의 증설은 경영에 큰 영향을 미치는 사안입니다. 따라서 현재의 매출 증가 현상이 지속적인 것인지, 일시적이고 우발적인 것인지를 최대한 신중하게 판단해야 합니다.

매출 증가가 일시적인 것이고 미래의 지속적인 매출 증가에 대한 확신이 서지 않을 때에는 일부 공정을 하청(외주)을 주는 방식도 고려해봐야 합니다. 외주를 주는 경우 자신에게 돌아오는 이익은 줄어들 수 있지만 설비 증설로 인한 고정비 증가 위험은 피할 수 있기 때문입니다. 실제로 많은 기업들이 상당한 생산 공정을 외주업체에게 맡기는 형태로 사업을 운영하고 있습니다.

비용 축소가 이익 증가로 이어지리라는 예상

기업에서 발생하는 비용들은 그 성격이 여러 가지입니다. 물론 회계학적으로 분류한 것이 '계정과목'에 따른 비용의 분류이겠지요. '매출'은 그 성격상 외부와 연결되어 나타나는 것이지만 '비용'은 완전히 내부적인 문제입니다. 다만 매출의 크기와 간접적으로 연동은 되겠지요. 물론 장기적으로 물가의 수준에 따라 비용의 크기가 영향을 받겠지만 단기적으로는 매출의 크기에 영향을 가장 많이 받게 됩니다.

앞에서 이미 얘기했듯이 매출 증가에 비례하여 함께 증가하는 비용을 '변동비'라 했고 그렇지 않고 매출 증가에 별로 영향을 받지 않는 비용을 고정비라 했습니다. 또한 매출액에서 변동비를 차감한 금액을 공헌이익이라고도 말씀드렸습니다. 따라서 보통 비용에 대한 고민을 할 때 변동비보다는 고정비 부분에 대한 고민이 더 많습니다. 물론 변동비를 줄이는 일, 즉 제품 단위당 투입되는 재료비를 줄인다든지, 시간당 생산량을 더 늘린다든지, 전혀 새로운 공법으로 공정을 단순화하여 단위당 생산비를 대폭으로 줄인다든지 하는 일들은 기술적인 문제로 귀착되기 때문에 선택의 여지가 별로 없는 사항입니다.

대부분의 고민은 기계의 가동을 멈추고 기계를 처분할 것인가, 직원을 감소시킬 것인가, 급여를 삭감할 것인가, 낭비되는 비용은 없을까 등에 대한 것입니다. 또한 특정 구매처나 판매처를 계속 유지할 것인가에 대한 고민도 있을 수 있겠죠.

비용을 줄이기 위해 가장 흔하게 대표적으로 하는 일이 인건비를 줄이는 일입니다. 특히 중소기업의 업종은 대부분 장치산업이 아닌 노동집약적 산업인 경우가 많으므로 전체 비용 중 인건비 비중이 높은 것이 현실입니다. 따라서 지속적으로 손실이 나거나 매출이 줄어

장래 손실이 발생될 것이 우려되는 때 일단 인건비를 걱정하게 됩니다. 대부분의 사장님들이 매달 급여 자금 맞추느라고 노심초사하는 것도 인건비가 가장 중요한 비용이고, 법적으로 또 도의적으로 반드시 제때에 지불해야 하는 비용이기 때문일 것입니다.

다섯 사람이 할 일을 네 사람이 한다면 한 사람분의 인건비가 감소하므로 반드시 손실이 줄거나 이익이 늘어날 것입니다. 그러나 곰곰이 생각해본다면 인건비는 사람에 관련된 비용이므로 그리 간단한 문제는 아닙니다. 과연 직원 다섯 명 중 누구를 해고시켜야 하는지 경영자는 언제나 확신을 가질 수 있을까요?

많은 경우 경영자는 급여가 가장 높은 장기근속자를 해고하고 싶을 것입니다. 그래야 급여 비용이 많이 줄어들 테니까요. 그러나 한편으론 가장 경험이 많고 숙련된 직원을 해고하기란 여간 아까운 일이 아닐 것입니다.

직원과 관련된 수익과 비용, 측정할 수 있을까?

어떤 한 직원이 일을 얼마나 열심히 해서 회사의 수익에 얼마를 공헌하는지 정확히 알기란 불가능합니다. 한 개인의 성과를 측정하기 위해 많은 회사들, 특히 대기업들은 여러 가지 합리적이고 타당한 방법을 개발해서 개인의 성과를 측정하려고 노력합니다만, 그것은 주로 타인과의 비교, 목표액 달성 여부 등 상대적인 지표를 이용하는 것이지 절대적으로 어떤 개인이 얼마의 수익을 창출하는지 알 수 있는 방법은 없습니다.

다만 전체적으로 얼마의 비용을 절감하려면 직급별로 몇 명 정도의 감원이 필요하다는 정도의 기준에서 인사정책을 쓸 것입니다. 그리고 그 몇 명을 골라내는 작업은, 대기업은 자기 회사가 채택하고 있는 인사고과 시스템을 통해, 그리고 중소기업은 나름의 판단에 의해 그만둘 사람을 선택할 것입니다. 그래서 그만둔 사람의 급여, 퇴직금, 복리후생비 등을 감안해서 얼마의 비용을 절감했다고 생각할 것입니다.

그렇다면 그 절감된 비용만큼 손실이 줄어들거나 이익이 늘어날까요? 물론 회사마다 다르지만 경험에 비추어볼 때 꼭 그만큼의 효과가 나타나는 것은 아닙니다. 무언가 눈에 보이지 않는 비용이 늘어나는 것이지요.

기업은 사람들에 의해서 움직이므로 살아 있는 유기체와 비슷한 면이 있습니다. 그래서 중요하지 않다고 생각되는 어느 한 부분을 잘라내도 생명에는 지장이 없겠지만 잘라낸 만큼 몸무게가 더 가벼워졌으므로 더 잘 뛴다는 보장도 없습니다. 그 없어진 만큼 먹는 것이 줄어들 수 있겠으나 불편한 몸 때문에 뛰는 속도가 느려질 수도 있지요. 심지어는 중요하지 않은 부분인 줄 알고 떼어냈는데 그 부분이 치명적으로 중요한 부분일 수도 있습니다.

더 복잡한 문제는 직원들 개개인을 따로 떼어서 평가하기가 쉽지 않다는 것입니다. 혼자 있을 때는 일을 잘하던 사람이 둘이서 함께 일하게 하면 갑자기 성과가 떨어질 수도 있고 여러 명이 함께 일할 때 일을 더 잘해내는 사람도 있습니다. 그러니 '이 일은 누가 했는데 결과가 좋으니 그 누구에게 상을 주어야겠다'라고 확실하게 판단할 수 있는 경우가 많지 않다는 것입니다. 특히 중소기업은 가족적인 분위기로 소규모의 사람이 일을 하다 보니 더더욱 이런 종류의 판단을 하기가 쉽지 않습니다. 심한 경우엔, 어떤 직원을 내보냈는데 그 직원이 직원들 간의 사적인 관계에서 핵심적인 인물이어서 나머지 직원들까지 동요를 일으킨다면 생산에 막대한 지장을 줄 수도 있습니다.

이와 같이 직원을 내보내는 것은 단순한 비용절감 측면으로만 판단해서는 곤란한 문제입니다. 각 개인 간의 관계는 숫자로 표현할 수 없을 만큼 복잡한 면이 있으므로 경영자는 자신의 사업체가 지닌 특성을 정서적으로라도 이해하고 있어야 할 것입니다.

단순히 급여를 삭감하고 직원을 내보내면 비용이 줄어들 거라는 생각은 단기적으로는 합당할 수 있겠으나 좀 더 시간이 지나봐야 그 효과가 명백해질 것이므로 여러 면을 고려해서 신중하게 결정해야 합니다.

가끔은 경영자 자신이 가장 큰 비용 발생의 원인

재료비를 절감하고 전기를 아껴 쓰고 사무용품을 절약해봐도 늘어나는 손실을 막기는 역부족인 때가 많습니다. 직원들에게 비용을 아끼라고 아무리 역설해도 아끼는 데에는 한계가 있기 마련이므로 전체적인 비용 규모에 비하면 그 효과가 미미한 경우가 대부분입니다.

그런데 가끔 경영자 자신의 비용은 도무지 줄어들지 않는 경우도 있습니다. 손실이 발생하는 이유를 외부 환경의 변화나 직원들의 태만 등으로 돌리다 보니 정작 자기 자신의 의사결정으로 발생한 비용의 금액에 대해서는 무감각하게 지내기도 합니다. 특히 상명하복 식의 경영에 익숙한 경영자라면 직원들과의 의사소통이 원활하지 않은 경우가 많으므로 정확한 손실 원인을 찾는 데에 실패할 확률이 높습니다.

손실이 발생하는데도 아주 비싼 차를 리스회사에서 빌린다든지 여전히 손님 접대를 호화스러운 술집에서 한다든지 해서 직원들의 사기를 꺾는 경영자도 가끔 있는 것으로 알고 있습니다. 특히 가족 경영을 하는 회사의 경우 가족들이 가져가는 급여가 일반적인 수준보다 훨씬 높은 경우가 있습니다. 사실 그 가족들의 생활 수준도 유지해야 하므로 경영에 참여하는 가족들의 급여를 삭감하기란 여간 어려운 일이 아닙니다. 또한 그들이 사용하는 비용도 일반 직원들보다 훨씬 많은 경향이 있습니다. 이러한 요소들이 기업 경영에 미치는 영향이 상당하다는 것은 주지의 사실이겠지요?

기업은 그 본질이 유기적인 생명체와 다르지 않기 때문에 경영자가 당장의 불편함을 감수하지 못해 기업이라는 생명체를 죽이는 방향으로 나아가고 있지나 않은지 진지하게 고민해볼 필요가 있을 것입니다. '내 돈 내가 쓰는데 뭘……'이라는 사고야말로 주변의 훌륭한 직원들의 믿음을 저버리는 가장 큰 원인이 될 것입니다. 회사가 어려울 때 가장 필요한 것은 성실한 직원들의 힘입니다. 따라서 자신의 사업체는 자신의 소유물이 아닌 하나의 독립된 생명체라는 것을 기억해야 할 것입니다.

18
직원은 **비용일까, 자산일까?**

Q 급여일이 다가올 때마다 급여 자금을 맞추느라고 정신이 없습니다. 사실 비슷한 크기의 매출을 하는 이웃 동종업체는 직원이 다섯 명인데 저희는 일곱 명입니다. 아무래도 제가 너무 많은 인원을 쓰고 있는 것 아닌가 싶어 가끔 속이 쓰립니다. 적정 인원을 판단할 때 어떤 기준으로 생각하는 것이 좋을까요?

A 어떤 사업을 하면서 직원 수가 몇 명이 되어야 한다는 법칙은 이 세상에 없습니다. 그리고 급여 수준이 얼마가 되어야 한다는 원칙도 마찬가지로 없습니다. 각 사업장별로 비슷한 제품을 만들거나 상품을 유통하는 일을 하더라도 각 경영자 개인별로 특성이 다르고 그 사업체에서 일을 하는 직원들 특성도 다르니까요. 직장마다 분위기가 다 다르듯이 말이죠.

섣불리 인원을 늘리지 말 것

사실 누가 봐도 필요 이상의 인원이 근무한다 싶은 경우도 있기 마련입니다. 인정에 끌려서 친인척이나 지인을 쓰는 것은 여기서 언급할 가치도 없겠습니다. 그러나 한 가지 생각해볼 경우는 경영자의 미래에 대한 예측에 따라 직원을 충원시키는 것입니다. 미래에 매출이 분명히 증가할 것이므로 생산직원과 영업직원을 지금 충당해두어야 한다는 생각으로 미리 인원을 뽑아두는 것이죠.

대기업의 경우 전반적인 경기나 업종의 추세를 분석하는 능력이 있을 것이므로 설비를 증설한다든지 인원을 미리 보충한다든지 하는 일들이 가능하겠습니다만 사실 중소기업의 경우 미래를 예측하는 일은 쉽지 않습니다. 대부분 막연한 감으로 '앞으로 잘될 것 같다'라고 판단하지요. 심한 경우 정말 막연한 예측만으로 인원을 뽑아놓고 그만큼 매출이 늘지 않아 인건비 때문에 고생하는 경우를 가끔 보게 됩니다. 그렇게 되면 경영자는 짜증만 늘게 되고 직원들은 일거리가 없어 사기가 죽게 됩니다.

직원의 입장에선 다른 곳에 취업을 할 수도 있었으나 미래의 비전을 보고 입사를 했는데 막상 일거리가 없어 사장 눈치만 보고 있자니 회사에 있는 것이 가시방석일 수 있습니다. 자신의 능력을 보여줄 기회도 잃고 말이죠. 미래에 대한 예측이 잘못된 것으로 드러났을 경우 미리 충원해둔 직원의 인건비는 경영자의 입장에서나 직원의 입장에서나 모두 그대로 비효율적인 비용이 됩니다.

특히 사업을 이제 막 시작하면서 미래에 대한 섣부른 예측으로 인

원을 늘리는 것은 어리석은 일이 될 수 있습니다. 바둑에서 포석을 깔아두듯이 사업을 시작하면서 이런저런 활동을 시키기 위해 미리 사람을 뽑아두고 일을 시작하는 것은 극히 위험한 일입니다. 특히 소기업의 경우 경영자 스스로 할 수 있는 일이 많습니다. 그러한 일들을 직접 하지 않고 직원들을 뽑아서 시키려고만 한다면 사업을 성공시키기는 어려울 것입니다. 대부분 해당 업종에 경험이 없는 분들이 제법 규모가 있는 사업을 시작할 때 가끔 나타나는 현상입니다. 자신이 직접 경험하지 않고 단지 '생각'만으로 경영하려고 한다면 그것은 정말 위험한 도박을 하는 것과 마찬가지입니다. 해당 업종에서 잔뼈가 굵은 사람도 자신의 업체를 차려서 성공하기란 매우 어려운 일입니다. 얼마쯤 자본이 있다고 해서 인원 충원을 방만하게 할 경우 인건비 때문에 사업을 망칠 수도 있는 것입니다.

사업에 대한 예측이 어긋날 경우 경영자는 초조해집니다. 물론 당초 예상보다 매출이 크게 증가할 경우 그보다 더 좋은 일은 없겠죠. 그러나 대부분 경영자의 예측은 그 결과가 당초 예측보다 훨씬 안 좋은 방향으로 나타나기 쉽습니다. 왜냐하면 대부분 경영자들은 낙관적인 예측을 더 선호하고 또 그런 낙관적 시각이 경영의 원동력이니까요.

그런 낙관적 가정으로 직원을 과다하게 채용했을 때 그 부작용은 이미 말씀드렸다시피 무척 큽니다. 그러나 남는다고 생각되는 직원을 당장 내보내기도 쉬운 일이 아닙니다. 혹시 가까운 장래에 매출이 급격하게 증가할지도 모른다는 미련 때문입니다.

경영자는 싫든 좋든 매일매일 예측을 해야 하는 사람입니다. 다음

날을 예측해야 하고 한 달 후를 예측해야 하며 6개월 후, 1년 후를 예측해야 합니다. '예측'이 경영의 전부라 해도 과언이 아닐 것입니다. 따라서 '오늘'은 '어제' 한 예측의 결과가 나타나는 날입니다. 과거의 잘못된 예측 때문에 오늘 직원이 과다하더라도 내일은 또 상황이 변할 수도 있습니다.

직원들을 이해하는 것이 중요하다

개인기업이든 법인기업이든 기업은 살아 있는 유기체라고 생각합니다. 직원들은 그 유기체가 살아 있게 만드는 핏줄이나 마찬가지입니다. 경영자가 돈을 주고 고용을 했지만 입사 후에는 유기체의 일부가 됩니다.

아주 가끔 어떤 경영자는 직원들을 자기 돈을 부단히 가져가는 사람들로 생각합니다. 그래서 사업을 하기 위해 어쩔 수 없이 직원에게 돈을 뺏길 수밖에 없다고 생각합니다. 그런 경우에도 그 사업이 아무 탈 없이 성장을 잘할 수 있을까요?

그런가 하면 놀랍게도 어떤 경영자는 자기 회사에서 누가 무슨 일을 하고 있는지 잘 모르는 경우도 있습니다. 업무량이 얼마 정도인지, 성격은 어떤지, 회사에서 동료와의 관계는 어떠한지 등에 대한 정보가 거의 없는 경우도 있지요. 그런 상태에서 자신의 사업에 어느 정도의 인원이 필요한지 알기는 매우 어려울 것입니다. 중소기업은 아무래도 기업의 규모가 작다 보니 조금만 신경을 써도 어떤 사람이 일을 얼마나 하고 있는지 아는 것은 어렵지 않을 텐데 말입니다. 그런 경우에는 보통 경영자를 대신하고 있는 중요한 임원이 있기 마련이지만 그것은 결국 자기의 사업을 남에게 맡겨놓고 있는 것입니다.

기업 운영에 있어서 인건비만큼 비중이 큰 비용도 없습니다. 또 사람만큼 중요한 재산도 없습니다. 사업은 결국 사람에 의해 운영되는 것이므로 사람이 가장 중요한 자산이며 또 가장 큰 비용을 발생시키는 요인입니다. 그래서 대부분의 경영자는 사람도 확보하고 비용도 줄이려는 노력을 하게 됩니다. 어떨 때 그러한 일이 가능할까요? 경영자 자신이 직원들 각각이 무슨 일을 하고 있고 업무량이 얼마나 되며 동료와의 사이는 어떠한지 자세히 알고 있을 때 가능하지 않을까요?

대다수의 경영자는 매출을 올리는 데에는 아낌없이 시간을 쓰지만 회사 내부의 자세한 사정에는 무관심한 경우가 많습니다. 직원들이 보고하는 서류에는 신경을 많이 쓰는 반면 그 서류를 작성한 직원에 대해서는 아는 게 별로 없는 경우가 많습니다. 매일매일 아무 말 없이 한쪽 구석에 있는 책상에 앉아 무슨 일인가를 하다가 퇴근하는 직원이 있는지조차 모를 수가 있죠.

훌륭한 직원의 확보와 적절한 인건비의 발생이라는 조화를 이루기 위해서는 자기 회사의 직원들에 대해 더 잘 알려는 경영자의 노력이 가장 중요하다고 생각합니다. 특히 중소기업은 경영자의 이러한 노력이 더욱 중요하며 또 그 노력의 효과도 크리라고 봅니다.

예를 들어 경영자가 성실해 보이는 생산직원 두 사람을 대학에 보내기로 결정한다고 가정합시다. 두 사람 다 성격도 괜찮고 일도 열심히 한다고 생산부장이 알려줍니다. 경영자는 두 사람에 대해 잘 알지는 못하지만 회사의 생산 능력에 보탬이 될 거라고 생각해서 큰맘 먹고 등록금을 대주기로 합니다.

이때 두 사람에 대해서는 전적으로 생산부장이 판단했습니다. 경영자가 직원에 대해 더 잘 알았다면 둘 중 한 사람은 탈락되고 다른 한 사람만 대학에 갈 수도 있었을 것입니다. 만약 생산부장이 추천한 두 명 중 한 명은 다행히 공부를 열심히 해서 좋은 성적을 받아오는 반면 다른 한 사람은 계속 낙제를 한다면 그 사람에게 쓰는 돈처럼 아까운 것은 없겠지요. 요컨대 사람을 골라 투자를 할 때에도 경영자의 노력이 매우 중요하다는 것입니다. 중소기업에서 직원을 대학에 보내는 것도 큰 투자이니까요.

직원에 대해 잘 모르는 상태로 사업을 할 경우 좋은 일에도 낭패가 따를 수 있습니다. 장사가 잘되어 특별상여를 주고 싶어도 누구에게 얼마를 주어야 합당한지 경영자 스스로 판단이 서 있지 않으면 상여를 받는 사람이 오히려 경영자를 속으로 비난할 수 있습니다. 예를 들어 업무 성과도 별로 좋지 않은 동료가 평소에 윗사람에게 사교를 잘한다는 이유만으로 상여를 아주 많이 받았다고 생각하는 직원은 당장 회사를 그만두고 싶어질 것입니다.

물론 모든 일은 상대적인 것이라서 절대적인 기준은 없겠으나 직원에게 상여를 주든, 기타의 복리후생을 하든 간에 경영자 스스로 최대한의 공정성에 입각한 확신이 없는 경우 자칫하면 돈 쓰고 욕먹는 일이 생길 수도 있다는 말입니다.

모든 사람을 만족시킬 수는 없겠지만 최대한 많은 직원을 만족시키기 위해 노력해야 하는 것이 경영자의 운명 아닐까요?

19

회계를 알면 미래가 보인다

Q 회계를 투명하게 열심히 관리해봐야 세금만 많이 나오지 별 소득이 없을 거라고 친구들이 얘기합니다. 어려운 시기에 관리에 신경 쓰기보다는 매출을 열심히 늘려 현금을 많이 확보하는 게 최선이라고 충고해주는 사람들도 있고요. 그러나 막상 경영을 해보면 관리가 제대로 되지 않아 답답한 경우가 많긴 합니다. 과연 회계 관리에 신경을 쓰면 그만큼의 이익이 있을까요?

A 회계장부를 세금계산서나 각종 증빙에 따라 정확히 작성한다고 회사의 이익이 늘어나지는 않습니다. 다만 부정확하고 부실하게 장부를 작성하는 경우보다는 자기의 사업에서 이익이 나는지 손실이 나는지 더 잘 알 수 있겠죠.

따라서 '회계를 투명하게 열심히 관리한다'는 것은 두 가지 측면에서 생각해봐야 합니다. 첫째, 각종 장부를 정확히 기록하면 사업의 현황에 대해 '신속'하고 '정확'하게 알 수 있습니다. 둘째, 이러한 정확한 정보를 통해 더 나은 관리를 할 수 있고 이 과정에서 '새로운 이익'이 창출될 수 있습니다.

장부 기록의 정확성이 이익을 늘려준다

회계 관련 장부에는 여러 가지가 있습니다. 계정과목별로 증감과 잔액을 알 수 있는 계정별 원장, 거래처별·계정별로 증감과 잔액을 알 수 있는 거래처별 원장 등 회계전표와 관련 있는 여러 가지 장부가 있습니다. 또한 원재료, 상품, 제품 등의 증감과 잔량을 알 수 있는 재고자산수불부, 유형자산과 무형자산을 관리하는 고정자산대장도 있습니다. 이러한 여러 가지 장부들을 정확히 기록해서 유지한다면 자신의 사업과 관련된 재산의 상태나 사업 성과를 정확히 알 수 있습니다.

예를 들어 매출 장부를 신속하게 정확히 유지한다면 연초부터 어느 시점까지 매출실적이 어느 정도 되는지 바로 알 수 있으므로 판매에 더욱 노력을 기울일 수 있게 됩니다. 또한 외상매출금 장부를 정확히 유지하면 어느 거래처에 얼마를 받아야 하는지 정확하게 알 수 있습니다. 재고자산이나 고정자산도 마찬가지입니다.

중요한 것은 사업의 실태를 정확히 알아야 의사결정을 정확히 할 수 있다는 것입니다. 거래처에 받을 돈이 얼마나 있는지, 보유하고 있는 재고자산은 충분한지, 가동하고 있는 장비 상태가 어떤지 알 수 없다면 결국 경영자의 '감'으로 의사결정을 할 수밖에 없습니다. 그런 경우 정확한 의사결정을 기대하기는 힘들 것이고 결국 그러한 의사결정은 사업에 악영향을 미칠 수 있다는 말입니다.

예를 들어 A라는 거래처에서 받아야 할 제품 대금 500만 원이 있는데 거래처별 장부가 부정확해서 받을 돈이 없다고 표시되어 있을 경우 그 500만 원을 받을 확률은 거의 없습니다. 결국 그 500만 원은 한참의 시간이 지난 후에 손실처리되겠죠. 만약 장부가 정확했더라면 그 거래처에 방문을 하든지 전화를 하든지 해서 반드시 받아낼 수도 있었을 텐데 말입니다. 이렇게 정확한 회계 관리는 나도 모르게 새는 비용을 막는 역할을 하여 관리가 부실했을 때에 비하여 눈에 보이지 않는 이익을 만들어냅니다.

어떤 회사의 매출액 순이익률이 세금을 생각하지 않고 계산했을 때 10%라고 하면 1,000만 원어치를 팔았을 때 100만 원이 남는다는 얘기입니다. 만약 아무 이유 없이 손실 처리될 뻔한 500만 원을 찾아서 회수했다면 그것은 결국 5,000만 원어치의 제품을 추가로 판매한 것과 마찬가지의 효과가 있습니다. 이렇게 정확한 회계 관리에 의해 생겨나는 이익은 그 효과가 매우 큽니다.

재고자산도 마찬가지입니다. 일반 가정에서도 예를 들어 냉장고에 오이가 있는데도 오이가 없는 것으로 생각하고 계속 오이를 사들이는 일이 흔하게 벌어집니다. 취급하는 품목이 많을 수밖에 없는 대부분의 회사에서도 이러한 일이 벌어질 수 있습니다. '기록'이 정확하지 않은 한 충분히 있는 원재료를 추가로 사들이는 일이 벌어지지 말라는 보장은 없습니다. 필요 이상으로 재고를 많이 보유하게 되면 그 매입대금 때문에 회사에 부담이 될 뿐만 아니라 창고 공간을 불필요하게 차지해서 보관 비용을 높이게 됩니다.

혹은 곧 소진될 품목이 있는데도 이를 모르고 지내다가 막상 사용하려고 할 때 재고가 없는 것을 알고 당황할 경우도 있습니다. 이런 경우 급하게 자재를 조달하다 보니 비싼 값에 매입하게 될 수도 있고 생산 일정에 큰 차질을 빚을 수도 있습니다.

이러한 불필요한 손실을 방지하기 위해 관리를 하려고 해도 장부 작성이 부정확하다면 불가능한 일이 됩니다. 장부가 정확히 기록되고 그 장부를 토대로 관리를 함으로써 기업의 이익을 새롭게 창출할 수 있습니다.

외상매입금이나 미지급금 등 부채의 경우도 마찬가지입니다. 드문 일이지만 대금 지급을 두 번 하는 경우가 발생해서 골치를 썩는 일이 있을 수 있습니다. 또한 언제까지 얼마의 외상대금을 정확히 알지 못하여 대금 지급이 늦어짐으로 인해 고율의 연체료가 발생할 수도 있습니다. 이와 같이 장부를 정확히 기록하고 거기에서 나온 정보를 적절히 이용함으로써 얻어지는 이익은 생각보다 훨씬 많습니다.

3부

큰 회사나 작은 회사나
빠지기 쉬운 함정
– 경영의 효율을 높여주는 회계 관리 비법

사업과 관련이 있다고 해서 생각 없이 자금을 지출할 경우 예상치 못하게 억울한 세금을 내는 경우도 있습니다. 기본적으로 지출증빙을 꼼꼼하게 챙기는 것이 절세의 기본입니다. 그러나 증빙이 충분히 갖추어져 있더라도 제도적으로 비용을 인정해주지 않는 경우가 있습니다. 이런 경우는 몇 가지 회사 규정을 손질하기만 해도 세금 절약 효과가 있습니다.

20
개인회사와 법인회사는
무엇이 어떻게 다른가

Q 도매업을 하려고 합니다. 지인이 법인으로 사업을 할 경우 자금을 법인 계좌에서 함부로 인출하면 안 된다고 합니다. 어차피 제가 혼자 세운 회사이고 법인도 제가 운영하는데 사업에서 남는 자금은 제가 인출해서 사용하면 안 되는 건가요?

A 답변부터 드리겠습니다. 법인을 설립한 경우는 개인사업자와 달리 함부로 회사 돈을 쓸 수 없습니다. 이런 자금 문제뿐 아니라 법인 사업자와 관련하여 알아두어야 할 상식이 몇 가지 더 있습니다. 법인 사업자 본인은 물론 법인 사업자를 상대하는 기업에서도 반드시 유념해야 할 사항들입니다.

어떤 개인이 사업을 하기 위해 법인을 설립하고 경영을 시작합니다. 그 법인의 주식을 자신이 100% 소유한다고 할 때 그 회사는 '자기 것'이므로 직원도 자기 마음대로 뽑고 구매처도 자신이 결정할 겁니다. 또 사무실은 물론 각종 장비나 비품도 자기 마음에 드는 것으로 선택하겠지요. 회사와 관련된 모든 것은 자신의 권한과 책임에 달려 있다고 생각할 테니까요.

그런데 회사와 관련된 모든 것이 자신의 권한과 책임에 달려 있다고 하더라도 그것이 '자기 것'이라는 의미는 아닙니다. 회사와 관련된 모든 것은 '회사의 것'이지 '자기 것'이 아닙니다. 특히 통장에 들어 있는 돈도 자기의 돈이 아닙니다. 상당수의 사장님들이 회사 통장의 돈은 자기 돈이라고 착각합니다. 혹여 착각하지는 않더라도 무신경하게 법인 자금을 개인 용도로 사용하는 경우가 적지 않습니다. 특히 소규모 업체의 경우 세무조사를 제외하면 제도적인 외부의 감독(공인회계사의 외부감사 등)을 받는 경우가 드물기 때문에 회사 돈을 마음대로 써도 당장 문제가 되지 않습니다.

그러나 일단 법인을 설립했다면 설사 그 법인이 100% 자신의 소유라 해도 설립한 사람과 법인은 별개의 법적 실체입니다. 한마디로 남이라는 이야기입니다. 집을 소유하고 있다고 해서 그 집이 곧 자신이 아니듯 법인을 100% 소유하고 있다고 해도 그 법인이 곧 소유자 자신은 아닌 것입니다. 집을 사고 팔 듯이 법인의 주식도 사고팔 수 있습니다. 이는 곧 법인과 자기 자신은 별개라는 의미입니다.

따라서 법인 예금계좌에 1억 원이 예치되어 있다고 해도 그 돈은 주식을 100% 소유하고 있는 어떤 개인의 돈이 아닙니다. 간섭하는 사람이 없기 때문에 돈을 찾아 마음대로 쓸 수는 있겠으나 그것은 '남의 돈'을 마음대로 갖다 쓰는 것과 다를 바가 없습니다.

개인사업자의 경우는 어떨까요? 보통은 개인사업자들도 사업 관련 계좌를 따로 만들어 그 계좌에서 사업과 관련된 돈을 입출금을 하는 경우가 많습니다. 하지만 사업용 계좌이든 개인 계좌이든 상관없이 언제라도 자기 돈을 마음대로 쓸 수 있습니다. 이것이 법인과 개인의 가장 큰 차이입니다.

법인은 개인이 아니다

전기장판을 판매하는 개인사업자 '홍길동' 씨가 법인을 운영하는 대표이사 '심술보' 씨와 계약을 합니다. 심술보가 겨울을 앞두고 홍길동이 판매하는 전기장판 100개를 주문했고 심술보는 그 전기장판을 자신의 법인에서 판매할 예정이라고 합니다. 홍길동은 평소 알고 지내던 심술보가 비교적 견실하게 사업을 운영한다고 믿었으므로 심술보에게 물건을 건네주기로 마음먹습니다. 믿음직한 업체의 대표이사인 심술보가 판매대금을 떼먹을 리 없을 테니까요. 두 사람은 매입자 심술보를 '갑'으로 하고 판매자 홍길동을 '을'로 하는 계약을 체결하고 다음과 같이 기재한 계약서에 날인을 했습니다.

- 계약 내용 서술 -

(갑) 서울시 강남구 삼성동
　　 XX-XX번지
　　 (심술보의 집 주소)

(을) 서울시 강남구 삼성동
　　 XX-XX번지
　　 (홍길동의 사무실 주소)

66XXXX-XXXXXXX
(심술보의 주민등록번호)

120-XX-XXXXXXX
(홍길동의 사업자등록번호)

(성명) 심술보(매입자)　　(인)

(성명) 홍길동(판매자)　　(인)

그런데 홍길동이 심술보에게 전기장판을 건네준 후 심술보는 세금계산서를 심술보가 운영하는 법인에게 발행하겠다는 홍길동의 요구를 이런저런 이유로 미루더니 결국 전기장판 대금도 지불을 하지 않고 연락도 잘 되지 않습니다. 심술보가 운영한다는 회사에 가도 심술보를 만날 수가 없습니다. 알고 보니 심술보는 전기장판을 다른 도매업자에게 싸게 넘긴 다음 그 판매대금을 심술보 자신의 개인 빚을 갚는 데 써버린 상태였습니다. 또 심술보가 운영하던 회사도 다른 사람의 손에 넘어가버렸고요. 이제 홍길동은 어떻게 해야 할까요?

앞에서 본 계약서는 '갑'과 '을' 개인이 날인을 한 것입니다. 즉 도장을 찍은 주체가 개인 홍길동과 개인 심술보인 것입니다. 그러므로 홍길동은 심술보가 운영하던 법인체에 전기장판 대금을 달라고 요구할 수 없습니다. 설사 거래할 당시에 심술보가 실제로 그 법인체의 대표이사였더라도 전기장판을 사고판 거래는 그 법인과 아무 관계가 없기 때문입니다. 홍길동은 경찰서에 가서 심술보를 고소하는 수밖에 없겠습니다. 하지만 고소를 한다 해도 전기장판 대금을 받아내기는 매우 어려운 지경입니다.

계약이나 입금의 상대가 법인이라면?

그런데 만약 다음과 같은 계약서에 도장을 찍었다면 얘기는 좀 달라집니다.

- 계약 내용 서술 -

(갑) 주식회사 가나다　　　　　(을) 서울시 강남구 삼성동
　　　서울시 강남구 대치동　　　　　　XX-XX번지
　　　XX-XX번지　　　　　　　　　　(홍길동의 사무실 주소)
　　　((주)가나다의 회사 주소)

　　　XXX-XX-XXXXX　　　　　　　XXX-XX-XXXXX
　　　((주)가나다의 사업자등록번호)　　(홍길동의 사업자등록번호)

(성명) 대표이사 심술보(매입자)　(인)　(성명) 홍길동(판매자)　　　　(인)

　　이 경우는 계약 당사자 (갑)이 법인인 (주)가나다이고 심술보는 그 법인의 대표이사 자격으로 도장을 찍었기 때문에 홍길동은 심술보가 그 법인을 다른 사람에게 양도했더라도 (주)가나다에 전기장판 판매대금의 지불을 요구할 수 있습니다. 나아가 홍길동이 심술보에게 등기소에서 발급해주는 법인인감증명서를 요구하여 계약서에 첨부했고 (주)가나다의 법인인감을 위 계약서에 찍었다면 (주)가나다로부터 전기장판 판매대금을 받아낼 확률은 한층 높아집니다.

　　물론 위의 예는 개인과 법인의 차이를 설명하기 위해 만들어낸 가상의 상황입니다. 하지만 우리가 사는 현실에서 위와 같은 일이 발생하지 않으리라는 보장은 없습니다. 동일한 사람이 한 일이라도 개인의 자격으로 하는 일과 법인의 대표로서 하는 일의 효과는 완전히 다릅니다. 이 점을 잊지 말아야 합니다.

　　다른 예를 들어볼까요? '성실한'과 '나몰라'라는 사람이 있습니다.

'나몰라'는 (주)나다라 주유소의 대표이사입니다. 즉 한 법인의 대표이사입니다. '성실한'은 소규모 운송업체를 운영하는 사장님입니다. 두 업체가 가까이 있는 관계로 두 사람은 평소 잘 알고 지내는 사이입니다. 그래서 '성실한'은 (주)나다라 주유소와 계약을 맺어 자기 회사 트럭들의 주유를 (주)나다라 주유소에서 하고 그 금액을 매달 한 번씩 합산하여 지불하고 있습니다.

그런데 어느 날 '나몰라'가 '성실한'에게 개인사정이 생겼으니 주유비를 자기 개인 통장으로 입금해달라고 부탁합니다. 물론 세금계산서 등 모든 자료는 사실 그대로 (주)나다라 주유소 명의로 성실하게 '성실한'에게 교부했습니다. '성실한'은 어느 통장으로 입금을 하나 주유소 사장에게 지불하는 것이니 무슨 상관이 있겠느냐고 생각하고 주유비를 '나몰라'의 개인 통장으로 입금을 합니다.

그러던 어느 날 '나몰라'가 며칠 동안 보이지 않습니다. 궁금해서 주유소 직원에게 물어 보니 주인이 바뀌었다는 겁니다. 말도 없이 주유소를 팔다니 좀 섭섭하기는 했지만 그런가 보다 하고 있었습니다. 그런데 난데없이 주유소 새 사장이 와서 기름값을 달라고 하는 것입니다. 자신이 (주)나다라 주유소의 주식을 100% 인수했고 (주)나다라 주유소의 장부를 보니 '성실한'에게 받을 주유비가 5,000만 원이나 미납되었다고 말입니다. '나몰라'가 '성실한'에게 받은 주유대금을 회사에 입금시키지 않고 자기 마음대로 유용했던 것입니다.

'성실한'은 기름값을 다 갚았다고 새 주유소 사장에게 항변할 수 있을까요? '나몰라'와 (주)나다라 주유소는 전혀 다른 인격체이고 (주)나다라 주유소는 '성실한'에게 기름값을 받은 적이 없으므로 당연히 '성실한'에게 지급을 요구할 수 있습니다. 누가 봐도 지루한 법적인 공방이 예상되는 일입니다. 이런 경우 다른 변수가 없는 한 '성실한'은 ㈜나다라 주유소에 기름값을 물어주고 '나몰라'에게 민·형사상의 책임을 물어야 할 것입니다.

21
법인의 돈을 빌려 쓸 때도 세금을 내야 한다

Q 아파트를 사려고 하는데 자금이 좀 부족해서 제가 운영하는 법인 자금을 사용하려고 합니다. 듣자 하니 법인 돈을 잘못 사용하면 큰일 날 수도 있다는데 그게 무슨 말인지요?

A 앞에서도 강조했듯 법인과 그 법인의 소유자인 개인은 엄연히 다른 인격체입니다. 간섭하는 사람이 없어서 회사 자금을 잠깐 빌려 쓸 수는 있겠지만 그 돈이 자신의 돈이 아니라는 사실은 한시도 잊어서는 안 될 것입니다.

예를 들어 위 질문을 하신 분과 같이 법인의 대표이사가 자기 개인 집을 사는 데 자금이 좀 모자라서 회사 돈 1억 원을 빌렸다고 가정합시다. 개인들끼리도 돈을 빌리고 빌려줄 수 있는데 별개의 법적 실체인 법인과 개인도 그럴 수 있지 않을까요? 물론 그럴 수 있습니다. 무이자로 빌릴 수도 있을까요? 그럴 수도 있습니다. 그러나 절대 그 돈은 공짜가 아닙니다.

세법에서는 법인의 대표이사, 주주 등 법인과 특수한 관계에 있는 사람이 법인의 돈을 업무와 상관없이 빌려 쓸 경우(이하에서는 '가지급금'이라 표현하겠습니다) 몇 가지 조건부 규정을 정해두고 있습니다. 세법의 규정은 매우 복잡하지만 단순화시켜 요약할 수 있습니다.

대표가 법인으로부터 돈을 빌릴 때 이자는?

대표이사가 가지급금에 대하여 이자를 지급하지 않더라도 세법에서는 이자가 있는 것으로 간주합니다. 이를 '인정이자'라고 부릅니다. 즉 법인이 대표이사로부터 이자를 받은 것으로 간주하는 겁니다. 인정이자를 계산할 때 사용하는 이자율로는 '가중평균차입이자율'과 '당좌대출이자율' 두 가지가 있습니다. 어느 이자율을 쓸 것인가는 세법에서 자세히 규정하고 있습니다. 여기서는 둘 중에서 당좌대출이자율(현행 세법에는 6.9%로 규정되어 있습니다)을 이용하여 설명하겠습니다.

1억을 1년 내내 원금 변동 없이 무이자로 빌려 쓴 경우의 인정이자는 '1억 × 6.9% = 690만 원'입니다. 이 인정이자 690만 원은 법인이 대표이사로부터 실제로 받지 않았다 하더라도 법인이 받은 것으로 간주합니다. 그러면 당연히 그 금액만큼 법인의 소득은 증가할 것이고 그 금액을 법인의 이익으로 간주하여 법인세를 계산하게 됩니다. 그러므로 법인세율을 20%로 가정하면 다른 변수를 고려하지 않을 때 법인세를 더 납부해야 할 금액은 아래와 같습니다.

690만 원 × 22%(지방소득세 포함한 세율)

= 151만 8,000원(법인세 등 증가분)

    그러니까 단순히 대표이사가 회사 자금을 무이자로 빌렸다는 사실 하나로 법인세 부담이 이 금액만큼 늘어난 것입니다(물론 대표이사에게 빌려준 자금을 그대로 은행에 예치했다면 이자를 받았을 것이므로 이 법인세 증가분이 순전히 대표이사 때문인 것은 아닙니다). 뿐만 아니라 대표이사는 무이자로 회사 자금을 썼으므로 그 이자만큼의 이익을 봅니다. 따라서 이 인정이자 690만 원을 자신의 소득에 포함시켜 연말정산을 하게 됩니다. 대표이사의 근로소득세 적용세율이 24%이면 지방소득세(본세의 10%)는 2.4%이므로 총 26.4%의 세율을 적용시켜 대표이사의 근로소득세 증가액을 계산해보겠습니다.

690만 원 × 26.4% = 182만 1,600원

    다른 변수를 고려하지 않았을 때 대표이사는 이 금액의 근로소득세 및 지방소득세를 더 내야 합니다. 하긴 대표이사 개인 입장에서는 은행에서 돈을 빌리는 것보다는 유리해 보입니다.

    그러나 만일 이 법인이 은행으로부터 빌린 돈이 있다면 계산해야 할 것이 더 있습니다. 예를 들어 이 법인에 은행차입금이 5억이 있고 그 5억에 대한 이자를 3,000만 원 지급했다면 대략 600만 원 정도의 이자를 비용으로 인정받지 못할 것이기 때문입니다. 세법에서는 은행 등 금융기관으로부터 차입금이 있는 법인이 업무와 관련 없이 가지급금을 특수관계인에게 지급한 경우, 차입금을 빌려 가지급금을 지급한 것으로 간주합니다. 그래서 관련된 차입금 이자도 업무와 관련이 없는 것으로 보고 해당 이자를 비용으로 인정해주지 않습니다. 그 이자를 대략 계산해보면 다음과 같습니다.

법인의 지급 이자 3,000만 원 × 1억(대표이사가 빌린 액수)/5억(법인 차입금)
= 600만 원

이 금액을 비용으로 인정받지 못하므로 법인세는 아래 금액만큼 또 늘어나게 됩니다.

600만 원 × 24.2% = 145만 2,000원

물론 이 법인에 차입금이 없다면 비용으로 인정받지 못하는 이자가 생길 여지도 없겠습니다. 위와 같이 상황을 가정하고 다시 정리해보면 대표이사가 무이자로 1년 동안 빌린 1억은 다음과 같은 결과를 초래합니다.

대표이사의 근로소득세 증가액		182만 1,600원
법인의 법인세 증가액	1,518,000원 + 1,452,000원 =	297만 원
합계		479만 1,600원

대표이사가 법인의 자금 1억을 무이자로 빌렸을 경우 나라에 내는 세금이 500만 원 가까이 되는 셈이지요. 만약 대표이사가 법인으로

부터 빌린 자금에 대해 이자를 내게 되면 어떻게 될까요? 법인과 자금차입약정서를 작성하고 이자를 6.9% 혹은 그 법인의 가중평균차입이자율 이상으로 내게 되면 앞에서처럼 세금이 증가하는 일은 없습니다. 다만 법인의 차입금 이자의 일정 부분을 비용으로 인정받지 못하므로 법인세는 증가하게 됩니다(앞의 경우 145만 2,000원). 세법은 법인의 자금이 업무와 관련 없이 함부로 유출되는 것을 막기 위해 이렇게 법인의 가지급금에 해당되는 차입금 이자 일부를 비용으로 인정하지 않는 불이익을 주고 있습니다.

세금 폭탄을 안고 살 가능성

현실적으로 소규모 기업의 대표이사가 법인의 자금을 빌려 쓸 때 정식으로 자신이 운영하는 법인과 자기 자신 명의로 차입약정을 하고 도장을 찍은 후에 자금을 쓰는 경우는 드뭅니다. 대부분은 법인 업무 때문에 법인 자금을 인출하여 쓰다가 영수증 정리를 미처 하지 못하여 가지급금으로 남아 있는 경우와 실제로 법인의 업무와 관련 없이 돈을 인출하여 쓰는 경우가 뒤섞여 가지급금의 잔액이 불투명하게 증가, 감소되는 상황입니다. 그래서 예를 들어 어떤 시점의 가지급금 잔액이 1억 5,743만 5,200원 일 때 그중 얼마가 업무와 관련 있는 금액이고 얼마가 대표이사 개인의 용도로 인출된 것인지 정확히 구분하기가 매우 어렵습니다. 그러니 세무 신고를 담당하는 사람은 이 금액을 전부 업무와 관련 없는 대여금으로 보고 세금을 매기게 되는 것이지요.

경영자의 입장에서 보면 이런 세금이 무척 아까울 것입니다. 또 어차피 대부분은 법인을 위해 사용한 돈이므로 '내가 갚아야 할 돈이 아니다'라고 자기합리화를 하기 쉽습니다. 당연히 수단과 방법을 가리지 않고 가지급금을 없애서 세금을 아껴야겠다는 마음이 생길 것입니다. 그래서 가지급금을 비용으로 처리하여 법인 장부에 기록된 자신에 대한 채권을 지우고 싶은 유혹에 빠지게 됩니다. 즉 차변에는 비용이 늘어나고 대변에는 법인의 자산(가지급금)이 감소하는 것으로 회계처리를 하여 대표이사를 짓누르고 있는 채무의 부담감을 해소시키려고 합니다. 가장 간단한 방법이 정당하지 않은 영수증이나 세금계산서를 구해서 그 액수만큼 가지급금을 지출한 것으로 장부에 거짓 기록을 하는 것이겠지요. 그러나 이럴 경우 법인과 법인의 대표이사인 개인은 항상 '세금 폭탄'의 위험 속에 살아가게 됩니다. 금액이 아주 커지면 형사사건이 벌어질 수도 있습니다.

예를 들어 대표이사 앞으로 된 가지급금 1억이 장부에 누적되어 있었다고 칩시다. 그 금액의 대부분을 회사를 위해 썼다고 생각하는 대표이사는 개인 돈으로 빚을 갚는 것이 너무 아깝습니다. 그래서 대표이사가 3년 전에 친구 회사에서 1억 원어치 자재를 매입한 척하여 세금계산서를 받고, 그 자재 대금을 회사의 가지급금으로 갚은 것으로 회계처리를 했습니다. 그런데 갑자기 세무조사가 나와 그 거래가 거짓임을 적발했습니다. 다른 변수들을 고려하지 않고 아주 간단하게 계산했을 때 과연 얼마나 많은 세금이 매겨질까요?

적법한 비용처리를 하지 않는다면?

일단 가지급금을 부당하게 비용으로 처리할 경우는 대표이사에게 그 가지급금을 상여금으로 지급한 것으로 간주합니다. 따라서 대표이사는 그 상여금에 대한 근로소득세를 내야 합니다. 1억에 대해 과세표준 8,800만 원 초과 3억 원 이하 구간의 세율인 35%를 적용하면 3,500만 원의 소득세가 부과됩니다.

근로소득세 : 1억 원 × 35% = 3,500만 원

물론 현실이라면 애초 연말정산을 마친 총 급여액에 1억을 더한 후 다시 각종 공제액을 차감해서 근로소득세를 새로 계산해야 합니다. 그러나 연말정산 내용이 각 개인별로 천차만별이고, 또 이 책의 목적이 세법규정의 상세한 설명이 아닌 만큼 이해를 돕는 차원에서 계산 과정을 단순화시켜 설명하도록 하겠습니다.

근로소득세를 내는 것으로 끝이 아닙니다. 대표이사는 근로소득세에 덧붙여 벌칙으로 가산세를 내야 합니다. 이 경우는 가산세율 10%를 적용하는 단순 착오나 실수가 아니라 부정행위인 만큼 납부하지 않은 세액에 대해 무려 40%라는 높은 가산세율이 적용됩니다. 계산을 해보면 다음과 같은 금액이 나옵니다.

과소신고 가산세 : 부족납부액 3,500만 원 × 40% = 1,400만 원[1]

가산세가 또 있습니다. 3년 전에 가지급금을 부당하게 처리했으므로 3년간의 이자를 납부해야 합니다.

미납부 가산세 : 부족납부액 3,500만 원 × 연리 약 11% × 3년
= 약 1,155만 원[2]

정리해보면 3년 전에 1억을 부당처리했을 때 개인이 내야 할 세금은 소득세만 대략 6,000만 원이 됩니다. 여기에 지방소득세 600만 원을 합하면 총 6,600만 원을 납부해야 합니다. 정확하지는 않으나 대략 이 정도의 돈을 세금으로 내야 하는 것이지요.

이뿐만이 아닙니다. 법인도 뭔가 세금을 내야겠죠? 앞에서 한 대로 아주 간단하게 계산해보겠습니다. 해당 법인의 법인세율을 20%로 가정하면 이런 계산이 나옵니다.

부족납부액 : 1억 원 × 20% = 2,000만 원

과소신고 가산세 : 2,000만 원 × 40% = 800만 원

미납부 가산세 : 2,000만 원 × 11% × 3년 = 660만 원

법인세 합계 : 3,460만 원

지방소득세 : 3,460만 원 × 10% = 346만 원

---

1 실제 세법에 따라 계산하는 경우 가산세액은 이 금액보다 약간 적게 산출됩니다. 실제 세법에 따라 사용하는 공식은 아래와 같습니다.
  1억 합산 후 산출세액 × 과소신고분 과세표준(1억) ÷ 1억 합산 후 과세표준 × 40%
2 실제 세법에서 규정한 공식 : 3,500만 원 × 3/10,000 × 경과일수

납부할 세금 총계 : 3,806만 원

법인세는 지방소득세를 합쳐 약 3,800만 원이 됩니다. 그러니까 개인이 내야 할 소득세 6,600만 원과 법인이 내야 할 법인세 3,800만 원을 합쳐 총 납부액이 1억 400만 원이나 되는군요. 부당 처리한 1억보다 4백만 원이나 더 많습니다.

이렇듯 가지급금을 부당 처리했을 때는 부당 처리한 원금만큼이나 많은 금액의 세금이 추징됩니다. 말 그대로 언제 터질지도 모를 세금 폭탄을 안고 살아가게 되는 셈이지요.

그러므로 법인과 개인의 개념 구분을 평소에 확실히 해두어야 합니다. 출장 등으로 법인으로부터 전도금을 가불받아 쓸 때도 영수증을 열심히 챙겨두어야 하고 각종 거래를 할 때도 세금계산서나 신용카드 영수증 등을 빠짐없이 구비해서 적법하게 가지급금을 비용처리해야 합니다.

22

개인사업자로 남을까,
법인회사로 전환할까?

Q 의류도매업을 운영하고 있습니다. 매출이 몇 년 간 큰 폭으로 성장해서 매년 종합소득세신고 때마다 거액의 세금을 납부하고 있습니다. 주변에서 사업체를 법인으로 바꾸면 세금이 적게 나온다고 하는데 그 말이 사실인지요? 그리고 법인으로 운영할 경우 개인사업자로 운영할 때와 달라지는 점은 무엇인지도 궁금합니다.

A 일단 법인의 개념을 개인과 비교해서 다시 한 번 말씀드리겠습니다. 법인과 개인의 개념 구분이 명확해야 하는 이유는 앞에서 든 예 외에도 많습니다.

작은 법인도 법인!

'나대충'은 자신이 운영하던 소규모 법인을 다른 사람에게 넘겼습니다. 새로운 사업을 구상하던 차라 자신이 가진 주식 100%를 '전철저'에게 양도한 것이지요. 그런데 평소 '나대충'은 자기 법인의 재무제표에 별 관심이 없었습니다. 회계나 세무에 대한 지식이 거의 없기 때문에 보면 골치만 아팠기 때문이지요. 어차피 세무신고는 세무회계사무실에서 알아서 다 해줄 테니 그저 세금이 많이 안 나오면 장땡이라고 생각했습니다. 회사 통장에 돈이 쌓이면 사업이 잘되는 줄 알았고 통장에 돈이 마르면 사업이 잘 안 되는 것으로 판단했습니다. 그리고 그 판단은 대부분 맞아떨어졌습니다. 영수증이나 세금계산서는 경리직원이 꼼꼼하게 잘 챙기고 있었으니 걱정될 것도 없습니다.

나대충은 전철저에게 3억 원에 주식 전부를 팔기로 계약을 맺고 주식대금을 받았습니다. 그런데 어느 날 전철저가 전화를 해서는 법인에 나대충에게 지급된 1억 6,000만 원의 가지급금이 있으니 그걸 해결해달라고 합니다. 나대충은 금시초문입니다. 옛날에 근무하던 경리직원을 불러 물어보니 나대충이 법인을 운영할 때 가져가놓고 정리하지 않은 회삿돈이랍니다. 경리직원에게 왜 자기에게 재무제표를 그동안 보여주지 않았느냐고 따지자 매년 사장님의 결제를 받았었다며 자신이 서명한 재무제표가 회사에 보관되어 있다는 것입니다.

나대충은 회사가 아주 작은 법인이고 자신이 100% 주식을 소유하고 있었으며 세무조사도 받아본 적이 없었으므로 재무제표 자체에 관심이 전혀 없었습니다. 회사를 매각할 때도 어림짐작으로 3억 원만 받으면 손 털고 나갈 수 있다는 생각에 재무제표를 살피지도 않고 급하게 전철저에게 회사를 매각한 것입니다.

자신과 법인과의 채권채무 관계를 잘 따져보지 않은 탓에 나대충은 생각지도 않게 1억 6,000만 원을 갚아주게 생겼습니다. 매각한 주식에 대한 양도소득세까지 감안하면 손에 쥐는 돈도 별로 없게 되었습니다. 그제야 회사를 괜히 팔았다고 후회를 하지만 때는 이미 너무 늦었습니다.

반대의 예를 들어볼까요? 나대충은 세무회계에 대한 무관심 탓에 이런 일을 겪게 되었다고 심하게 자책을 하던 중 공인회계사인 '나회계'에게 하소연을 합니다. '나회계'는 그 정도로 세무회계에 무관심한 친구이니 보나마나 '퇴직금'에 대한 개념도 없으리라고 판단하고 퇴직하면서 퇴직금은 받았느냐고 물었습니다. 나대충씨는 '내가 사장인데 퇴직금은 무슨……' 하면서 말꼬리를 흐렸습니다. 나회계는 사장도 퇴직금을 받을 수 있으니 회사 정관의 임원 퇴직금 규정이 어떤지 알아보라고 시켰습니다.

나대충은 혹시나 하는 마음에서 옛날 경리직원에게 부탁해서 회사 정관을 구해다 읽어보았습니다. 아니나 다를까 임원 퇴직금 규정이 있었고 그 규정대로 계산해보니 퇴직금이 무려 1억 2,000만 원이나 되었습니다. 또 회사 가지급금 내역을 보니 2년 전 다른 거래처에 장비 제작을 의뢰하면서 5,000만 원을 지급한 적이 있는데 장비가 완성되어 가져오면서 그 금액을 세금계산서만 받고 미지급금으로 처리한 적이 있었습니다. 그러니까 이미 지급한 장비대금을 가지급금으로 처리해놓고 세금계산서를 회계처리할 때는 기계적으로 '미지급금'으로 처리해놓은 채로 그대로 지내왔던 것입니다. 그래서 가지급금과 미지급금을 서로 상계하면 오히려 나대충이 법인으로부터 1,000만 원을 받아야 할 상황이었습니다.

나대충은 전철저에게 이런 사실을 알렸습니다. 돈에 관한 한 철저한 전철저는 납득을 하고 나대충에게 회삿돈 1,000만 원을 즉시 송금했습니다.

채권과 채무부터 확실히 하라

이처럼 법인과 개인의 채권채무에 대해 무관심하면 생각지도 않은 낭패를 당할 수도 있습니다. 자신이 운영하는 사업체일지라도 법인인 경우 '줄 돈'과 '받을 돈'을 철저하게 구분해서 사업을 경영해야 합니다.

가지급금이란 법인이 가지급금을 지급한 사람에게 돌려받거나 정산해야 할 '채권', 즉 자산입니다. 자산의 집은 차변이고 가지급금이 발생하면 자산이 '증가'하는 것이기 때문에 잔액이 차변에 남습니다. 또 가지급금이 발생할 때 현금이나 예금으로 지급했을 것이므로 자산인 현금이나 예금이 '감소'하게 됩니다. 그래서 현금이나 예금을 지급한 금액은 대변에 기록하게 됩니다. 한편, 위의 예에서 회사가 기계를 사왔을 때 기계는 '유형자산'이고 유형자산이 '증가'했으므로 차변에 기계 취득에 소요된 금액을 적습니다. 부채의 집인 대변에는 기계 대금을 추후에 주는 것으로 처리했으므로 부채인 '미지급금'이 '증가'합니다.

그런데 위의 예에서 가지급금 중에 5,000만 원은 기계 대금으로 대표이사가 가져다가 지급한 것이므로 실제 대표이사가 부담해야 할 가지급금은 1억 1,000만 원입니다. 실제 회사의 미지급금 계정도 5,000만 원이 줄어들어야 합니다. 또 대표이사에 대한 퇴직금 1억

2,000만 원은 회사의 부채이므로 대변에 기록되어야 합니다.

그럼 이러한 금액들을 표로 정리해보면 다음과 같습니다.

회사 입장에서 본 나대충 씨와의 채권과 채무

나대충 씨에게 받을 돈(자산)		나대충 씨에게 줄 돈(부채)	
애초의 가지급금	1억 6,000만 원	–	–
정당한 지출 차감	–5,000만 원	퇴직금 추가	1억 2,000만 원
실제 가지급금	1억 1,000만 원	퇴직금 부채	1억 2,000만 원
순부채 : 1억 2,000만 원 – 1억 1,000만 원 = 1,000만 원			

한편 개인사업자는 자신이 운영하는 사업체에 대해 채권·채무 개념이 성립되지 않습니다. 개인사업자의 경우 사업과 관련해서 발생한 채권이나 채무는 모두 개인사업자 자신에게 귀속되므로 여태까지 설명한 여러 회계나 세무 문제는 발생할 여지가 없습니다. 즉, 사업을 별개의 인격체인 법인을 통해서 운영하는 것이 아니라 자연인인 자기 자신의 이름으로 하게 됩니다. 따라서 사업으로 벌어들인 돈은 언제든지 자신의 개인 용도로 사용할 수 있고 거기에 따른 세무상의 불이익도 없습니다. 또한 당연히 '급여'나 '퇴직금'의 개념도 없습니다. 급여나 퇴직금은 다른 누군가가 주어야 성립되는 것인데 개인사업자는 사업의 운영주체가 자기 자신이므로 급여나 퇴직금 명목으로 자신의 사업계좌에서 돈을 인출하더라도 비용으로 인정되지 않습니다. 개인사업자는 자신의 사업에서 벌어들인 돈, 즉 종합소득세를 신고할 때 보통 알게 되는 순이익이 자신의 인건비가 되는 것이니까요.

개인과 법인의 갈림길

개인사업자가 더 좋은지 법인이 더 좋은지에 대해 딱 떨어지는 정답은 없습니다. 하지만 저는 개인적으로 다음과 같은 점들을 고려해서 결정하라고 권하고 싶습니다.

우선, 사업의 규모, 성장성을 고려해야 합니다. 절대 다수의 분들이 일단 작은 규모로 사업을 시작합니다. 애당초 사업 아이템에 투자해야 할 자금이 많은 경우라면 여러 사람의 자금을 모아 주식회사 형태로 시작하겠지만 대부분의 경우 단독으로 혹은 소수 동업 형태의 작은 규모로 사업을 시작하게 됩니다. 이렇게 사업 규모가 작을 때는 아무래도 개인사업자 형태가 더 편리합니다. 아무래도 법인 관련 회계나 세무는 개인사업자보다 더 엄격하고 따라서 관련 관리비용도 더 많이 들거든요.

물론 향후 상당한 성장이 예측된다면 미리 법인 형태로 사업을 시작하는 것도 고려해볼 만합니다. 하지만 이 경우도 성장성이 가시화될 때 개인사업체를 법인으로 전환해도 무방합니다. 일단 작은 규모의 사업이라면 개인사업자로 시작하는 것이 여러 가지 면에서 좋겠습니다.

업종도 당연히 고려해야겠지요. 작은 규모의 사업이라도 업종에 따라 법인으로 사업을 하는 것이 훨씬 더 유리할 수도 있습니다. 법인의 경우 일반적으로 대외적인 신뢰도가 훨씬 높기 때문에 각종 입찰에 유리합니다. 또 아예 법인이 아니면 입찰할 수 없도록 법이 규정한 사업도 있기 때문에, 이런 입찰과 관련된 업종의 경우 반드시 법인으로 사업을 시작해야 하겠습니다. 예를 들어 각종 전문 공사업이나 전문 건설업 면허를 따기 위해서는 일정 자본금 이상을 유지하는 법인이라야 가능합니다.

다음으로 고려할 것은 자금 입출의 성격입니다. 사업을 해서 남는 이익으로 자신의 생활비를 충당해야 한다면 반드시 개인사업자 형태를 선택해야 합니다. 법인의 경우는 경영자와 법인이 별개의 인격이기 때문에 원칙적으로 배당의 형태가 아니면 주주에게 자금을 지출할 방법이 없습니다. 주주에게 대여를 할 수도 있겠으나 이미 설명한 바와 같이 여러 가지 불이익이 따르므로 바람직하지 않습니다. 따라서 수시로 생활비 등을 충당해야 할 상황이라면 개인사업자 형태가 바람직합니다.

세금 부담 또한 중요한 고려사항입니다. 개인에 대한 종합소득세율은 6~38%로, 10~22%인 법인세율보다 높습니다. 따라서 같은 순이익이라면 지금 당장 납부해야 할 세금은 보통 개인사업자가 더 많습니다. 그러나 법인의 경우 법인세를 납부하고 남는 금액을 주주들에게 배당금으로 지급하고, 그 주주들이 다시 배당금에 대해 종합소득세를 납부해야 합니다. 물론 이 경우 배당세액공제라는 제도가 있어서 공제 혜택을 받을 수 있습니다. 그러나 배당세액공제는 법인이 이미 납부한 법인세를 배당금에서 공제해주는 제도인데 만약 법인의 소득이 2억 원 정도 이상이 되면 이미 납부한 법인세가 모두 공제되지는 않는 구조로 법이 규정되어 있습니다. 그러니 최종적으로 내는 세금을 계산해보면 우리나라 조세법은 이익 금액이 클수록 법인주주가 개인사업자보다 세금을 더 많이 납부하는 구조입니다.

종합소득세율과 법인세율 비교

종합소득세

종합소득 과세표준	세율
1,200만 원 이하	과세표준의 100분의 6
1,200만 원 초과 4,600만 원 이하	72만 원+(1,200만 원을 초과하는 금액의 100분의 15)
4,600만 원 초과 8,800만 원 이하	582만 원+(4,600만 원을 초과하는 금액의 100분의 24)
8,800만 원 초과 3억 원 이하	1,590만 원+(8,800만 원을 초과하는 금액의 100분의 35)
3억 원 초과	9,010만 원+(3억 원을 초과하는 금액의 100분의 38)

법인세

과세표준	세율
2억 원 이하	과세표준의 100분의 10
2억 원 초과	200억 원 이하 2,000만 원+(2억 원을 초과하는 금액의 100분의 20)
200억 원 초과	39억 8,000만 원+(200억 원을 초과하는 금액의 100분의 22)

＊ 위 종합소득세 또는 법인세 산출세액의 10%가 지방소득세로 추가 과세됨

하지만 법인의 경우 당장 내야 할 세금이 개인사업자보다 적으므로 자금을 투자 등에 사용할 여력이 생깁니다. 또한 개인사업자는 매년 5월 31일에 반드시 종합소득세를 납부해야 하지만 법인은 매년 배당을 하지 않아도 문제가 없고 자금 사정에 따라 배당 시기를 자유롭게 판단할 수 있으므로 자금 운용에 많은 장점이 있습니다.

따라서 사업 운영에 미리 자금을 확보해야 하거나 지속적인 투자를 요하는 경우에는 법인으로 사업을 운영하는 편이 유리합니다.

개인기업과 법인기업의 차이 요약

구분	개인기업	법인기업
사업의 주체	자연인	법인
소득세	종합소득세	법인세
신고 납부일	5월 31일	3월 31일(12월 법인)
자금 입출금	자유로움	배당 외에는 제약 있음
대표자 급여	비용 인정 안 됨	비용 인정
대표자 퇴직금	비용 인정 안 됨	비용 인정
사업 등기 여부	등기 불필요	법인 설립 등기 필요
이사회, 주주총회	없음	있음
기장 의무	복식 부기 의무자만 기장 의무 있음(일정 수입금액 이상)	모든 법인에 기장 의무
납세지	부가가치세 : 사업장 소재지 종합소득세 : 개인 주소지	법인등기부상의 본점 소재지

법인으로 전환할 때 알아두어야 할 것들

개인사업자에서 법인으로 전환하는 데는 회계와 세무와 관련해 여러 가지 복잡한 문제가 있습니다. 그러나 여기서 그 구체적인 것을 모두 나열하는 것은 이 책의 목적에서 약간 벗어나므로 간단히 개념만 설명하기로 하겠습니다.

개인사업자를 법인으로 전환하는 데에는 두 가지 방식이 있습니다. 첫 번째는 개인사업에 소속된 자산과 부채를 현물출자하는 방식이고 두 번째는 미리 법인을 설립한 후에 그 법인에게 개인사업에 소속된 모든 자산과 부채를 양도하는 방식(사업양수도 방식)입니다.

사업양수도 방식

일반적으로 두 가지 방식 중 실무적으로는 사업양수도 방식을 많이 사용하게 됩니다. 이유는 절차가 간단하고 시간도 별로 걸리지 않기 때문입니다.

법인을 미리 설립해두고 그 법인과 개인사업자 간에 자산과 부채를 양수·양도하는 계약을 체결하고 계약에서 정한 기준일에 각종 재산의 명의를 변경하고 매출과 매입을 새로운 법인 명의로 수행하면 됩니다. 물론 기존의 거래처 관계나 계약 관계도 그대로 승계하면 됩니다.

세법에서는 사업양수도에 대해서는 부가가치세를 물리지 않습니다. 예를 들어 사업에 사용하던 기계를 다른 사람에게 1억 원에 팔 경우 부가가치세 1,000만 원을 더 붙여서 매각하고 그 1,000만 원은 세무서에 납부해야 합니다. 그러나 사업을 양수·양도하면서 '포괄적'으로 즉 통째로 그 사업체를 다른 사람에게 넘길 때에는 부가가치세를 내지 않습니다.

즉 사업에 사용하던 기계들, 원재료 재고와 제품 재고, 특허권 등 기타 산업재산권 등과 사업과 관련된 차입금 등 부채를 한꺼번에 모두 새로 설립한 법인에게 양도하고 사업에 종사하던 종업원도 새로 설립된 법인에 승계하는 경우에는 부가가치세를 내지 않습니다.

그러나 이 방식을 택하기 위해서는 법인을 설립할 때 사업을 양수받기 위한 자금이 필요합니다. 예를 들어 사업양수도 대가가 3억 원이면 사업주가 일단 3억 원 이상을 들여 법인을 설립하고 그 3억 원으로 법인이 사업주의 사업을 양수하게 됩니다. 다시 말해 그 3억 원은 다시 사업주에게 지급되는 것이지요. 그러므로 일시적으로나마 3억 원이라는 현금이 필요하게 됩니다.

현물출자 방식

이 방법은 개인사업체에서 사용하던 자산과 부채를 현물로 자본금 삼아 출자하는 방식입니다. 그러므로 위에서 든 예처럼 사업을 별도로 양수하기 위한 자금이 필요하지는 않습니다. 현물을 자본금으로 출자하는 것이니까요.

그러나 이 방식은 현물에 대한 평가가 매우 까다롭고 법원의 허가를 받아야 하는데 법원의 허가를 받기 위해서는 외부기관, 즉 공인회계사의 감사보고서, 감정평가법인의 감정평가서 등이 필요합니다. 따라서 비용과 시간이 많이 드는 단점이 있습니다. 이 방식은 실무적으로 규모가 큰 부동산 등이 포함된 사업을 법인으로 전환할 때 사용되기도 합니다.

세금 문제

개인사업을 법인으로 전환할 때 일정한 요건을 갖출 경우 취득세가 면제됩니다. 또한 양도소득세도 요건을 갖추면 법인 전환 시에는 과세되지 않고 실제로 그 자산을 타인에게 양도할 때 과세가 이루어집니다.

23

핵심은 증빙이다

Q 사무실 천장에 습기가 차서 공사를 하고 100만 원을 지급했습니다. 그런데 공사를 하신 분이 간이영수증에 100만 원을 기재하여 주셔서 그대로 세무회계사무실에 전달했습니다. 세무회계사무실에서는 이런 영수증은 증빙이 못 된다고 세금계산서를 받아오라고 합니다. 어떤 것들이 제대로 된 증빙인가요?

A '증빙證憑'이란 '증거에 의지하는 것'이라는 뜻입니다. 기업 활동에 필수적인 각종 지출이 업무와 관련하여 적법하게 이루어졌다는 걸 증명하기 위하여 갖추어야 할 각종 서류를 의미합니다. 세법에서는 이와 관련하여 아주 복잡한 규정을 두고 있습니다. 그 복잡한 규정을 달달 외울 정도로 완벽하게 암기해야 할 필요는 없겠지만 기본적인 중요한 규정은 상식 차원에서라도 알아둘 필요가 있을 것입니다.

적법한 증빙은 어디까지?

증빙이란 회사가 업무와 관련해서 지출한 금액을 제대로 사용했다는 것을 증명하기 위한 것입니다. 따라서 회사 장부에 자산이나 비용으로 기록되는 지출액에 대해서는 반드시 관련 서류를 갖추어두어야할 것입니다. 물론 아무리 적법한 증빙을 첨부해놓아도 회사 업무와 관련이 없는 곳에 쓴 회사 돈이라면 절대 비용으로 인정되지 않습니다. 예를 들어 대표이사가 자신의 집에 고급 오디오 세트를 설치하고 회사 돈으로 그 대금을 지급한 후 세금계산서 등을 교부받아 회사에 보관하는 경우 그 오디오 세트가 회사 업무와 전혀 관련이 없다면 회사 비용으로 인정되지 않습니다. 이처럼 적법한 지출이 아니라면 아무리 적법한 증빙이 있어도 비용으로 인정받지 못합니다.

반대로 어떤 사정으로 인해 세법에서 정하는 '정규증빙'을 확보하지는 못했지만 회사의 업무에 사용했음이 기타의 증빙을 통해 객관적으로 입증되는 금액은 회사의 비용으로 인정받을 수 있습니다. 다만 법적으로 정규증빙을 첨부하도록 되어 있는 거래에서 정규증빙이 없는 경우 그 지출이 3만 원을 초과하는 금액이라면 지출금액의 2%를 가산세로 납부해야 합니다.

적법한 증빙, 즉 정규증빙에 포함되는 네 가지는 신용카드 매출전표, 현금영수증, 세금계산서, 그리고 (면세사업자가 발행한) 계산서입니다. 우리가 만나는 대부분의 사업자는 이 네 가지 정규증빙을 요구할 경우 반드시 교부해주도록 되어 있습니다. 그러므로 대부분의 경우 별 문제 없이 정규증빙을 확보할 수 있지만 한편 정규증빙을 요구해도 받을 수 없는 특별한 경우도 있습니다.

예를 들어 사회복지법인처럼 수익사업과 관련 없는 비영리법인으로부터 큰 책상과 의자를 구입하고 그 대금을 지불하는 경우입니다. '사업자'가 아닌 사람은 정규증빙을 발행할 수 없기 때문에 사회복지법인은 위 네 가지 정규증빙을 발행할 수 없습니다. 따라서 이런 경우에는 정규증빙을 첨부하지 않아도 된다고 법에서 규정하고 있습니다. 사회복지법인이 발행한 영수증 등의 서류만 첨부하면 됩니다. 국가 및 지방단체, 금융보험업을 영위하는 법인(은행, 보험회사 등), 국내 사업장이 없는 외국법인 등에서 재화나 용역을 구매할 때에도 마찬가지입니다.

또 읍·면 지역에 소재하는 간이과세자가 신용카드나 현금영수증 가맹점이 아닌 경우에, 그 간이과세자로부터 어떤 물건 등을 산 경우에도 앞에서 열거한 네 가지 정규증빙을 수취하지 않아도 됩니다.

그러나 정규증빙을 수취하지 않아도 된다는 규정은 여러 가지 제도나 환경 때문에 위 네 가지 정규증빙을 교부하는 것이 적절치 않기 때문입니다. 즉 결코 그 지출에 대한 증빙이 없어도 된다는 뜻은 아닙니다. 그러므로 정규증빙을 받지 못하는 경우에는 반드시 다른 증빙이라도 첨부해서 지출 사실을 증명해야 합니다.

예를 들어 은행에 대출금 이자를 납부해도 은행에서는 우리에게 세금계산서나 계산서, 신용카드 매출전표나 현금영수증을 교부해주지는 않습니다. 다만 대출금 이자를 납부했다는 영수증은 교부받을 수 있습니다. 따라서 이자를 납부한 기업에서는 위 네 가지 정규증빙 대신 그 영수증을 증빙으로 삼으면 될 것입니다.

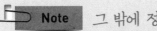

Note 그 밖에 정규증빙이 필요 없는 경우

1. 거래 건당 부가가치세를 포함한 거래금액이 3만 원 이하인 경우에는 정규증빙을 수취하지 않아도 됩니다.

2. 농·어민으로부터 재화 또는 용역을 직접 공급받은 경우에는 정규증빙이 없어도 됩니다. 그러나 이 경우에도 구매대금을 은행을 통해 송금하는 등 명확히 사업과 관련하여 지출했다는 증명이 필요합니다.

3. 소득세법상 원천징수 대상 사업소득자로부터 용역을 공급받은 경우. 예를 들어 기계사용 설명서를 외국어로 번역하면서 번역자에게 지급한 금액은 소득세법상 원천징수대상 소득이므로 이 경우 원천징수영수증이 적법한 증빙이 됩니다. 이러한 종류의 용역으로는 저술, 서화, 도안, 작곡, 배우, 연예에 관한 감독, 저작권료, 강의 등 매우 많은 것이 포함됩니다.

4. 공매·경매 등으로 재화를 공급받은 경우, 토지 또는 주택을 구입하거나 주택을 임차하는 경우, 택시운송용역을 제공받는 경우, 주택을 제외한 건물(토지를 함께 공급받은 경우에는 당해 토지를 포함)을 구입하고 매매계약서를 과세표준 신고 시(소득세나 법인세 신고 시) 납세지 관할 세무서장에게 제출하는 경우, 거래처에 연체료를 지급하는 경우, 통합발매시스템에 의한 입장권, 승차권, 승선권을 구입하는 경우, 항공기의 항행용역(항공권)을 제공받거나 도로통행료를 지급하는 경우 등이 있습니다. 그 밖에도 여러 가지 경우가 있으나 다소 보기 드문 경우라 생각되어 여기서는 생략합니다. 하지만 몇몇 경우는 중요하다고 생각되므로 별도로 설명하겠습니다.

5. 아래에 해당하는 경우로, 공급받은 재화 또는 용역의 거래금액을 금융기관을 통해 지급하고 과세표준신고서(소득세나 법인세 신고할 때 내는 서류)에 송금 사실을 기재한 '경비 등의 송금명세서'를 첨부하여 납세지 관할 세무서장에게 제출하는 경우입니다.

– 간이과세자로부터 부동산을 임차하고 임차료를 지급하는 경우

- 개인사업자에게 임가공용역을 의뢰하고 대금을 지급하는 경우
- 간이과세자인 운수업자(택시 제외)에게 용역 대금을 지급하는 경우
- DHL, UPS 등 항공법에 의한 상업서류 송달료를 지급하는 경우
- 공인중개사에게 수수료를 지급하는 경우
- 전자상거래법에 다른 통신판매를 통해 재화나 용역대가를 지급하는 경우
- 간이과세자에게 법에서 정한 재활용 폐자원이나 재활용 가능 자원의 대가를 지급하는 경우
- 복권사업자가 복권을 판매하는 자에게 수수료를 지급하는 경우
- 그 밖에 국세청장이 정하여 고시하는 경우

이 경우는 그 대금을 반드시 은행을 통하여 송금해야 하고, 법인세나 소득세 신고할 때 그 내역을 기재한 '경비 등의 송금명세서'를 다른 서류와 함께 제출합니다. 평소에 관리를 소홀히 하다가 세무 신고를 앞두고 허둥대면 자칫 빠뜨리고 신고하지 못할 수도 있습니다. 위에 해당되는 지급 건은 별도로 기록하는 등 미리 미리 관리를 해두어야겠습니다.

경조사비와 접대비의 처리 기준

일반적으로 임직원에 대한 각종 경조사비는 정규증빙이 아닌 청첩장 등 상황에 따라 사회통념상으로 확보할 수 있는 증빙이면 족합니다. 또 대부분 회사들이 임직원 경조사비 규정을 마련해두고 있으므로 그 규정에 따라 복리후생비 등으로 비용처리가 가능합니다.

거래처 직원 등에 대한 경조사비는 접대비로 계상할 수 있고 건당 현금 20만 원까지는 비용으로 인정됩니다. 이 경우에도 사회통념상

으로 인정되는 청첩장이나 부고장 등이 증빙이 될 수 있습니다.

접대비는 말 그대로 거래처를 접대하는 데 드는 비용입니다. 세법에서는 접대비로 인정하는 비용의 한도를 정하고 있습니다. 기본적인 계산 방법은 중소기업의 경우 1년에 1,800만 원, 기타 법인의 경우 1,200만 원을 기본 금액으로 잡고, 거기에 매출액 100억 원까지는 0.2%, 100억 원부터 500억 원까지는 0.1%, 그 이상에 대해서는 0.03%를 곱한 금액을 기본 금액에 더합니다. 그 금액이 접대비 한도인 것이지요. 물론 기타의 여러 상황과 관련된 규정에 의해 계산 방법이 달라질 수 있습니다.

접대비 한도를 초과하는 금액은 실제로 업무와 관련해서 접대비로 썼다 하더라도 비용으로 인정해주지 않습니다. 그러므로 접대비를 계상할 때는 2단계로 생각해야 합니다. 일단 비용으로 인정받을 수 있는 접대비인가 아닌가부터 판단합니다. 접대비로 인정받지 못할 금액이면 애당초 계산에서 빼버려야 할 테니까요. 그런 다음 비용으로 인정받을 수 있는 접대비들을 모아서 한도 초과 여부를 따져야 합니다.

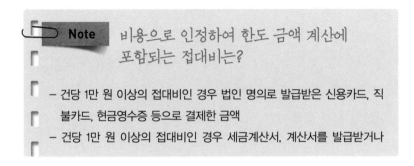

Note 비용으로 인정하여 한도 금액 계산에 포함되는 접대비는?

- 건당 1만 원 이상의 접대비인 경우 법인 명의로 발급받은 신용카드, 직불카드, 현금영수증 등으로 결제한 금액
- 건당 1만 원 이상의 접대비인 경우 세금계산서, 계산서를 발급받거나

개인 용역 등에 대해 원천징수영수증을 교부한 금액

- 해외에서 현금 외에 다른 지출 수단이 없어 신용카드 매출전표 등을 구하기가 어려운 상황에서 지출한 현금 접대비와 농·어민에게 재화를 공급받는 경우로, 은행 등을 통하여 송금하고 그 송금 내역을 소득세·법인세 신고 시에 제출한 경우
- 건당 1만 원 이하의 접대비
- 건당 20만 원 이하의 경조사비
- 회사가 직접 생산한 제품으로 제공한 접대비(이 경우에는 앞에서 언급한 각종 증빙이 있을 수 없으므로 정당하게 제공한 사실이 장부에서 확인이 되면 접대비로 인정합니다. 회사의 제품을 제공함으로써 접대를 하는 경우 '시가'를 접대비로 기록해야 합니다. 예를 들어 제품의 제조원가가 개당 60만 원인데 회사가 100만 원에 판매한다면 접대비는 100만 원으로 장부에 기록해야 합니다. 이 경우 매출부가가치세 10만 원도 접대비에 포함합니다.)
- 거래처에 대한 매출채권 등을 임의로 깎아주거나 특별한 이유 없이 받을 권리를 포기한 경우 그 금액(이 역시 앞에서 언급한 증빙을 구비할 수 없는 경우)

반면 비용으로 인정받지 못하는 접대비는 다음과 같습니다.

- 건당 1만 원 이상의 접대비를 위에서 기술한 증빙 없이 현금으로 지출하거나 임직원 등의 개인 카드로 결제한 금액
- 매출전표가 실제 지출이 일어난 가맹점과 다른 가맹점의 명의인 접대비
- 주주나 임직원이 부담해야 할 성질의 접대비를 법인이 부담했을 때 그 금액

접대비가 아닌 다른 비용의 경우 임직원 개인 명의의 신용카드 매출전표도 정당하게 지출된 것이라면 비용으로 인정됩니다. 그러나 접대비만큼은 법인 명의의 카드로 지출된 것만 인정됩니다. 예를 들어 직원이 마켓이나 문방구에 가서 사무실에 필요한 각종 소모품을 사고 자신의 카드로 결제

증빙이 부실하면 접대비로 인정받지 못한다!

접대비는 총 지출액이 한도에 미달하더라도 증빙이 부실하면 비용으로 인정받지 못합니다. 더군다나 사용처가 불분명하고 누가 사용했는지도 명확하지 않은 접대비는 대표이사가 개인적으로 사용한 것으로 보아 '상여 처분', 즉 대표이사 급여에 가산하여 근로소득세를 더 납부하라는 처분이 있을 수도 있습니다. 증빙 구비에 만전을 기해야 할 이유입니다.

접대비 지출 현황

구분	총 지출액	접대비 부인액	한도 계산 대상액	세법상 한도액	한도 초과액	비용 인정 금액
A	25,000,000	3,000,000	22,000,000	20,000,000	2,000,000	20,000,000
B	25,000,000	10,000,000	15,000,000	20,000,000	–	15,000,000
C	13,000,000	4,000,000	9,000,000	20,000,000	–	9,000,000

위 표에서 '총 지출액'은 당해 연도에 지출한 접대비의 총액을 말합니다. '접대비 부인액'은 위에서 언급한 정당한 증빙이 갖추어지지 않은 접대비를 의미합니다. '한도 계산 대상액'은 기본적으로 비용

인정 요건을 갖춘 접대비 지출액을 말합니다. '세법상 한도액'은 회사마다 다르겠으나 여기서는 2,000만 원으로 가정하겠습니다.

A의 경우 총 지출액 2,500만 원에서 비용 인정 요건을 갖추지 못한 300만 원을 차감한 2,200만 원이 세법상 한도액 2,000만 원을 200만 원 초과하므로 결과적으로 2,000만 원만 비용으로 인정됩니다.

B의 경우 총 지출액 중 1,000만 원이 비용 인정 요건을 갖추지 못했으므로 한도 계산 대상이 되는 접대비는 1,500만 원입니다. 그런데 이 금액은 세법상 한도액에 미치지 않는 금액이므로 1,500만 원이 모두 비용으로 인정됩니다.

C의 경우 총 지출액은 1,300만 원에 불과하나 그중 접대비 부인액이 400만 원이어서 900만 원만 비용으로 인정됩니다.

이와 같이 세법상 한도액 이하로 접대비를 지출했어도 증빙이 부실한 경우 그만큼 비용 인정을 받지 못하므로 주의하길 바랍니다.

24
퇴직금 부채의 습격

Q 얼마 전에 직원 두 명이 그만두었는데 생각지도 않은 퇴직금을 지급했습니다. 물론 퇴직금을 반드시 지급해야 한다는 사실은 익히 알고 있었지만 예상보다 훨씬 많은 금액이라서 무척 놀랐습니다. 몇 년 근무한 직원들이라서 그런지 금액이 상당히 많더군요. 퇴직금 관리를 어떻게든 해야 할 텐데 방법을 잘 모르겠습니다.

A 회계 관리가 잘 안 되는 중소기업의 경우 보통은 퇴직금 관리도 제대로 안 되는 곳이 많습니다. 기업이라면 매년도 말에 임직원들이 일시에 퇴직할 경우를 예상해서 지급해야 할 퇴직금을 장부에 부채로 기록해두어야 합니다. 하지만 지금 당장 나갈 돈이 아니니 신경 쓰지 않는 것이지요. 그래서 아이러니하게도 법인의 경우 대표이사 자신도 퇴직금을 받을 수 있다는 사실까지 망각하는 경우가 많습니다.

우리나라의 법은 1인 이상의 직원을 둔 사업주라면 반드시 퇴직급여제도를 설정하도록 규정하고 있습니다. 그리고 법이 정한 퇴직급여제도에는 퇴직금제도와 퇴직연금제도가 있습니다.

퇴직금제도는 퇴직할 때 퇴직하는 직원에게 1년에 30일분 이상의 평균임금에 해당하는 퇴직금액을 계산해서 일시에 주는 제도이고 퇴직연금제도는 퇴직금으로 사용할 자금을 기업 내에 미리 적립해서 운용하거나 기업 외부에 적립하는 제도입니다.

급여나 퇴직금을 직원에게 지불하지 않을 경우 사업주는 형사입건 됩니다. 그러니 경영자라면 퇴직금에 대한 대책 마련에도 관심을 기울여야 합니다.

퇴직금은 기록해둘 것!

퇴직금은 과거에 보편적으로 사용하던 제도이며, 근로기준법에 따라 제정된 근로자퇴직급여보장법에서 규정하는 제도입니다. 우리나라 법에서는 1년 이상 근무한 직원이 퇴직을 할 경우에는 반드시 퇴직금을 지급하도록 되어 있습니다. 이 금액을 일시에 지급하는 것이 퇴직금제도입니다.

따라서 퇴직금제도를 이용하는 기업에서는 어느 연도 말 현재에 1년 이상 근무한 임직원이 있을 경우 그 직원들에 대한 퇴직금을 부채로 기록해두는 것이 정상입니다. 기록할 금액은 퇴직금 대상자가 모두 일시적으로 그 연도 말에 퇴직할 경우 지급해야 할 금액, 즉 '퇴직금추계액'입니다. 기업회계기준에는 퇴직금추계액을 '퇴직급여충당부채'로 부채에 기록하도록 되어 있습니다.

문제는 회계 관리가 잘 되지 않는 경우 퇴직금추계액을 계산해서 부채로 기록하는 절차를 게을리한다는 것입니다. 특히 손실이 나는 기업의 경우 퇴직금을 부채로 올리면서 비용으로 처리해보았자 어차피 손실이므로 구태여 퇴직금 부채를 챙겨서 올릴 필요가 없다고 생각하는 경향이 있습니다. 특히 장기근속자가 많은 기업일수록 퇴직금의 규모는 해마다 증가할 텐데, 평소 그것을 부채로 기록해서 항상 유념하지 않는다면 나중에 갑자기 크게 불어난 퇴직금 부채의 규모 때문에 당황해서 어찌할 줄 모르는 사태가 일어날 수 있습니다.

또 퇴직금을 고려하지 않은 채 손익계산서를 작성하고, 그 결과를 보니 지속적으로 이익이 발생해서 내심 사업이 성공적이거나 현상유지는 된다고 생각했는데 후에 퇴직금을 고려해보면 사업 결과가 신통치 않거나 오히려 손해가 나는 것으로 판명될 수 있습니다.

예를 들어 직원을 다섯 명 두고 영업을 하는 회사가 있다고 가정해봅시다. 매출에서 이것저것 경비를 빼고 나니 5,000만 원 정도 남아서 '현상유지는 되겠구나'라고 안심합니다. 하지만 퇴직금을 계산해보면 생각이 바뀝니다. 작년 말 현재 퇴직금추계액이 1억 원이었고 올해 말 현재 퇴직금추계액이 1억 1,000만 원이라면 올해 1년 동안 퇴직금 부채가 1,000만 원 증가한 것이고, 따라서 증가한 금액만큼을 비용으로 인식해야 하는 것이지요. 결국 실제 이익은 4,000만 원밖에 안 되는 것입니다.

그런데 소규모 기업들에서는 이를 미리 부채로 기록하지 않았다가 실제 퇴직금을 지급할 때가 되어서야 비용으로 인식하는 경우가 다반사입니다. 그러니 사업 실적을 제대로 측정하기가 어렵습니다. 즉 퇴직하는 직원이 많은 해에는 비용이 실제보다 많이 기록되고 퇴직하는 직원이 적은 해에는 비용이 실제보다 적게 기록되는 것이지요. 이런 잘못된 실적 분석을 방지하기 위해서라도 실제 퇴직하는 직원이 많든 적든 증가한 퇴직금액을 미리 부채로 기록하는 습관이 필요합니다.

이처럼 퇴직금을 직원이 퇴직할 때에 일시적으로 지급하는 경우 기업이 갑자기 도산하면 퇴직금을 지급하지 못할 수도 있을 겁니다. 따라서 정부에서는 '퇴직연금제도'의 채택을 기업에게 권장하고 있습니다. 또 이를 위해서 퇴직금제도를 채택한 기업에게는 세무상 불이익을 주고 있습니다. 즉 퇴직연금제도에서는 퇴직연금으로 불입한 금액 전부를 비용으로 인정해주는 반면, 퇴직금제도에서는 퇴직금을 부채로 계상한 금액의 극히 일부분만을 비용으로 인정할 수 있는 한도 금액을 정하고 있습니다. '한도 금액'이란 그 금액 전부를 비용으로 인정한다는 것이 아닙니다. 세법상 비용으로 인정할 수 있는 계산 방식에 따라 산출된 금액이 한도 금액보다 작으면 그 작은 금액으로, 한도 금액보다 크면 한도 금액만큼만 비용으로 인정한다는 뜻입니다. 그리고 비용으로 인정해주는 한도 금액의 비율도 점차 감소되도록 규정하고 있습니다.

다음 페이지의 표대로라면 2016년이 되면 퇴직금제도를 채택하는 기업은 퇴직금추계액을 부채로 모두 계상했다 하더라도 비용으로 인정받을 수 있는 금액이 전혀 없습니다. 이는 기업들로 하여금 퇴직금 부채를 퇴직연금에 가입하여 미리 미리 적립하는 것을 권장하기 위한 세무적 제도입니다.

연도별 퇴직급여 충당금 비용 인정 한도 비율

사업연도 개시일이 속하는 연도		한도 비율
2010		30%
2011		25%
2012		20%
2013	퇴직금추계액의	15%
2014		10%
2015		5%
2016		0%

퇴직연금의 종류와 수령

우리나라 인구구성에 급속한 고령화가 진행되고 저출산 현상이 심화됨에 따라 노후생활을 대비하기 위해 퇴직연금제도가 도입되었습니다. 퇴직연금제도는 기업이나 사용자가 근로자를 위해서 근로자의 퇴직금에 대해 법에서 정한 금액 이상을 미리 적립해두는 제도입니다. 하지만 아직까지는 강제 사항은 아니고, 이 제도를 도입하는 경우 적립한 금액을 세법상 비용으로 인정해줌으로써 도입을 장려하고 있는 상황입니다. 퇴직연금제도에는 확정급여형Defined Benefit; DB, 확정기여형Defined Contribution; DC, 그리고 개인형Individual Retirement Account; IRA 이 있습니다. 세 가지 유형에 대한 더 자세한 정보는 다음 노트의 내용을 참고하시길 바랍니다.

Note 퇴직연금제도의 유형

✚ 확정급여형 퇴직연금제도

확정급여형 연금제도는 근로자가 퇴직할 때에 받을 금액이 근로자의 재직기간과 평균임금에 의해 확정되는 제도입니다. 이 제도는 사용자가 적립금을 운용하므로 그 운용 실적에 따라 사용자가 부담할 금액이 커지거나 작아질 수 있습니다. 즉 근로자가 받을 퇴직금은 확정되어 있는 반면 사용자는 그 운용 실적에 따른 위험을 부담합니다. 따라서 사용자(회사)가 적립금을 운용하다가 손실이 발생해도 근로자에게 불이익이 돌아가지는 않습니다. 물론 적립금을 운용하여 수익이 많이 났다고 해서 근로자에게 퇴직금을 더 지급하는 것도 아닙니다. 도산 위험이 없고 고용이 상대적으로 안정된 회사에 적합한 제도라는 평가를 받고 있습니다.

이 제도는 사용자가 법에서 정한 '최소적립금' 이상을 운용관리기관에 적립하고 그 운용방법을 지시합니다. 최소적립금은 근로자퇴직급여보장법에서 정한 '기준책임준비금'에 대하여 일정 비율 이상을 적립해야 하는 금액입니다. 최소한 적립해야 하는 비율은 아래와 같이 변동합니다.

2012년 7월 26일부터 2013년 12월 31일까지의 기간 : 100분의 60
2014년 1월 1일부터 2015년 12월 31일까지의 기간 : 100분의 70
2016년 1월 1일부터 2017년 12월 31일까지의 기간 : 100분의 80
2018년 1월 1일 이후 : 고용노동부령으로 정하는 100분의 80 이상의
비율

적립금이 위 최소적립금에 미달하는 경우, 즉 최소적립금의 95% 미만의 금액을 적립하는 경우 '재정안정화계획서' 등을 작성해서 노동조합 또는 전체 근로자, 퇴직연금사업자에게 제출하고 그 계획을 성실하게 이행하는 등 적립액 부족을 해소하는 방안을 강구해야 합니다.

퇴직연금은 확정급여형이든 확정기여형이든 규약에 그 납부시기를 규정해두어야 합니다. 보통 매월 말 혹은 3개월에 한 번 등으로 규약에서 정한 대로 납부하게 됩니다.

✛ 확정기여형 퇴직연금제도

사용자(회사)가 매년 근로자의 연간 임금의 12분의 1 이상을 부담금으로 납부하면 근로자가 적립금의 운용 방법을 결정하고 그 운용 실적에 따른 위험을 부담합니다. 따라서 운용 실적에 따라 자신이 받을 수 있는 퇴직금이 줄 수도 있고 더 늘어날 수도 있습니다. 이 제도는 연봉제를 도입하고 있거나 체불 위험이 있는 기업, 직장 간 근로자의 이동이 빈번한 업종 등에 적합합니다.

사용자가 부담금을 미납할 경우 근로자의 퇴직연금계좌에 연리 10%로 이자를 납부해야 하고, 근로자가 퇴직한 후 14일이 지나면 연리 20%의 금액을 납부해야 합니다.

✛ 개인형 퇴직연금제도

개인형 퇴직연금제도는 근로자가 퇴직하거나 직장을 옮길 때 받은 퇴직금을 개인퇴직계좌에 적립하고 일정 나이에 다다랐을 때 연금 혹은 일시불로 수령하는 제도입니다. 개인형 퇴직연금제도는 퇴직연금 수령 개시 연령에 도달하지 않더라도 그 전에 받은 퇴직일시금을 개인퇴직계좌를 통해 계속해서 적립, 운용하는 것이 가능합니다. 적립금 운용과 관련한 내용은 확정기여형 퇴직연금제도와 같다고 생각하면 됩니다.

또 이 제도는 10인 미만 사업장에 대한 특례를 두고 있습니다. 즉, 상시근로자 10인 미만인 사업장에서 근로자대표의 동의를 얻어 근로자 전원이 개인퇴직계좌를 설정한 경우에는 퇴직연금제도를 설정한 것으로 간주합니다.

이는 사업장 규모의 영세성을 감안해서 노동부에 퇴직연금 규약 신고 절차를 생략하고, 퇴직연금제도 도입을 용이하게 하기 위한 특례입니다. 단, 근로자 전원이 개인퇴직계좌를 설정해야 합니다.

확정급여형퇴직연금은 어떤 사유가 발생하여도 중도인출을 할 수 없습니다. 다만 특정사유가 발생했을 때에 적립금액의 50%를 한도로 담보로 제공하고 대출을 받을 수는 있습니다. 그 특정한 사유란 무주택 근로자의 주택 구입 및 전세금 조달, 근로자 또는 가족의 6개월 이상의 요양, 근로자의 파산 또는 개인회생절차의 개시, 천재지변 등에 따른 피해의 발생 등 긴급한 자금 수요가 있는 경우 등입니다.

확정기여형퇴직연금과 개인형퇴직연금은 위에서 말한 사유가 발생했을 때 중도인출이 가능하고 또한 적립금의 50%를 한도로 담보로 제공하고 대출을 받을 수도 있습니다.

퇴직연금은 확정급여형과 확정기여형, 개인형으로 나누어 살펴볼 수 있습니다. 우선 확정급여형 및 확정기여형 퇴직연금제도의 급여 종류는 연금 또는 일시금으로 할 수 있으며 그 수급 조건은 아래와 같습니다.

1. 연금은 55세 이상으로서 가입 기간이 10년 이상인 가입자에게 지급하고 이 경우 연금의 지급 기간은 5년 이상이어야 합니다.
2. 일시금은 연금수급 요건을 갖추지 못하거나 일시금 수급을 원하는 가입자에게 지급합니다.

그런데 위의 경우 가입자가 55세 이전에 퇴직하는 근로자라면 그 퇴직하는 근로자에게 직접 지급하는 것이 아니라 그 가입자가 지정한 개인형퇴직연금제도의 계정으로 이전하는 방법으로 지급합니다. 개인형퇴직연금제도의 수급 조건은 다음과 같습니다.

1. 연금은 55세 이상인 가입자에게 지급하고 이 경우에도 연금 지급 기간은 5년 이상이어야 합니다.
2. 일시금은 55세 이상으로서 일시금 수급을 원하는 가입자에게 지급합니다.

결론적으로 퇴직연금은 중도인출이나 담보대출의 상황이 있지 않는 한, 55세 이상 되어야 지급받을 수 있는 것입니다. 퇴직연금제도는 근로자와 사용자 모두에게 바람직한 제도입니다. 회사나 사용자의 입장에서는 매년 퇴직금 해당액을 적립함으로써 향후의 갑작스러운 퇴직금 부담에 미리 대비할 수 있습니다. 또 적립금액 해당액을 전액 비용으로 인정받을 수 있으므로 세금 부담을 줄일 수 있습니다. 근로자의 입장에서는 회사가 도산을 하더라도 퇴직금은 건질 수 있으니 안심할 수 있을 것입니다.

25

"증여세, 저도 내야 할까요?"

Q 제가 운영하고 있는 회사 주식을 동생에게 팔았습니다. 제 생각에 적당한 가격에 팔았다고 생각했는데 세무서에서 동생에게 증여세를 납부하라는 통지를 보냈다고 합니다. 주식을 적당하다고 생각되는 가격에 팔았는데 증여세가 웬 말입니까?

A 이 장에서 소개할 내용은 조금 복잡하고 골치 아픈 이야기들입니다. 하지만 경영자라면 반드시 알아둬야 할 사항이고, 실제로 많은 분들이 이런 일을 겪는 모습을 보았기 때문에 짚고 넘어가도록 하겠습니다. 될 수 있는 대로 쉽게 설명하도록 노력하겠습니다.

가끔 회사를 창업한 경영자가 자기 주식의 전부 혹은 일부를 다른 사람에게 양도하거나 일반 투자자가 자신이 투자한 비상장회사의 지분을 다른 사람에게 파는 경우가 있습니다. 특히 상장하지 않은 벤처기업에 상장을 기대하고 투자를 했다가 자금이 어려워져 그 주식을 다른 사람에게 파는 개인 투자자가 많습니다. 이런 경우 세법상 여러 가지 문제가 발생할 수 있습니다.

경제적 가치가 있는 물건이나 권리를 사고팔 때는 사는 사람과 파는 사람이 서로 흥정을 하여 의견 일치를 본 가격으로 거래가 이루어집니다. 너무나 상식적인 일이지요. 그러나 때로 이런 경제 논리를 악용하여 매매를 가장한 재산의 무상 이전을 시도하는 사람들이 있습니다. 특히 친족 간의 거래에서 이런 일들이 일어날 가능성이 매우 높지요.

그래서 세법에서는 여러 가지의 재산 매매에 제약을 가하고 있습니다. 특히 친족 간의 거래에는 더욱 엄격한 잣대를 들이댑니다. 따라서 세법에서 정한 '시가'와 비교해서 일정 범위를 넘어선 가격에 이루어진 거래에 대하여는 증여세를 물도록 규정하고 있습니다.

'시가'가 문제다!

세법에서는 모든 거래가 '시가'로 이루어져야 공정한 것으로 간주합니다. 대표적인 것이 상장 주식의 시가입니다. 상장 주식의 시가는 서로 모르는 사람들이 자신이 원하는 가격에 매도 주문 또는 매수 주문을 내어 의견 일치를 본 가격이기 때문에 공정하다고 보는 것이지요. 공개적인 시장에서 거래되는 채권이나 선물 같은 경우도 마찬가지입니다.

그러나 절대 다수를 차지하는 비상장회사의 주식은 공개적인 시장도 없고 거래도 많지 않아 '공정한 시가'를 구하기가 상당히 힘듭니다. 그래서 세법에서는 '불특정 다수인 사이에 자유롭게 거래가 이루어지는 경우에 통상적으로 성립된다고 인정되는 가액'을 시가로 규정합니다. 그런 가액이 없는 경우 세법에서 정하는 방법으로 평가한 금액을 시가로 합니다.

주식의 시가는 상장주식의 경우 평가기준일 이전·이후 각 2개월 간의 평균 시세를 시가로 하고 비상장주식은 시가로 삼을 만한 매매사실이 없으면 해당 회사의 순자산가치와 수익가치를 일정한 규정에 의해 계산한 금액(보충적 평가 방법)을 시가로 삼습니다.

비상장주식에서 시가로 삼을 만한 매매사실이란, ① 특수관계인 간의 거래로서 그 거래가액이 객관적으로 부당하다고 인정되는 경우에 해당되지 않고 ② 거래규모가 액면가액 기준으로 그 회사 자본금의 1% 이상 혹은 거래 주식의 액면가액 합계가 3억 원 이상인 경우를 말합니다. 그때에 거래가 이루어진 가격이 '시가'로 인정받습니다. 좀 복잡하죠?

매매사례가액에 의한 시가 결정 예시

회사	액면가	총 발행 주식 수	자본금	거래 주식 수	거래된 주식 액면가액	거래된 주식 지분율	매매 사례가액 해당 여부
A	500	10,000,000	50억 원	120,000	60,000,000	1.200%	해당
B	500	20,000,000	100억 원	150,000	75,000,000	0.750%	미해당
C	5,000	40,000,000	200억 원	70,000	350,000,000	0.175%	해당

비상장회사 3곳 A, B, C의 주식거래가 위와 같을 때 거래가격이 시가로 인정받는 경우는 A와 C입니다. A는 거래된 주식의 규모

가 자본금의 1% 이상이므로 시가로 인정됩니다. 그러나 B의 경우에는 거래 규모가 1%에 미치지 못하고 거래된 주식의 액면가액 합계도 7,500만 원으로 3억 원에 미치지 못하므로 시가로 인정되지 않습니다. C의 경우는 어떨까요? 거래된 주식 수는 자본금의 1%에 훨씬 못 미치지만 거래된 주식의 액면가가 3억 5,000만 원으로 3억 원 이상이므로 거래가격이 시가로 인정됩니다.

이렇듯 '시가'를 강조하는 이유는, 시가와 너무 동떨어져 거래를 하는 경우 자칫 의도하지 않은 세금, 즉 증여세를 물게 될 수도 있기 때문입니다. 다들 주식 가격에만 신경을 쓸 뿐 그 주식 거래가 몰고 올 세무 문제는 안중에도 없기 때문입니다. 그저 안이하게 '양도세만 내면 되지'라고 생각하며 별 생각 없이 주식 거래에 뛰어듭니다.

예를 들어 액면가 500원에 총 발행 주식 수가 10만 주인 비상장회사의 경영자가 주당 1만 원에 2,000주를 친구에게 2,000만 원을 받고 판 뒤 한 달 있다가 친동생에게 주당 5,000원에 1만 주를 5,000만 원을 받고 팔았다고 가정해봅시다. 누구나 동생이라서 싸게 팔았다고 생각을 하겠죠? 이런 경우 이 주식의 시가는 1만 원으로 간주되고 1만 원짜리 주식을 동생에게 5,000원만 받고 팔았으니 주당 5,000원은 동생에게 거저 주었다고 간주해서 동생에게 증여세를 물리게 됩니다.

이 예에서 경영자가 친구에게 판 가격 1만 원은 왜 세법상 시가로 인정이 될까요? 그때 거래된 2,000주는 총 발행 주식 수의 2%(2,000주/10만 주)에 해당되니 세법에서 정한 1% 이상의 거래 규모이므로 1만 원을 그 주식의 시가로 봅니다.

친구와의 거래와 동생과의 거래 비교

액면가 : 500원, 총 발행 주식 수 : 10만(100,000) 주

구분	거래수량	거래지분율	거래가격	매매대금	시가와의 차액
친구	2,000주	2%	1만 원	2,000만 원	
동생	1만 주	10%	5,000원	5,000만 원	5,000만 원 : (1만 원 − 5,000원) ×1만 주

　따라서 위 표에서 볼 수 있듯 동생과의 거래가격 5,000원은 객관
적으로 부당하다고 판단되어 특별한 사정이 없는 한 시가로 인정해
주지 않을 확률이 매우 높습니다. 따라서 세법은 특수관계자인 동생
에게 시가보다 5,000원 싸게 주식을 팔았으므로 그 5,000원에 양도
한 주식수 1만 주를 곱한 합계 5,000만 원을 기초로 증여세를 계산하
게 됩니다(5,000만 원에 대해서 증여세를 과세하는 건 아닙니다). 증여세
에 대한 구체적인 계산의 예는 아래에서 설명하도록 하겠습니다.

> **Note** 시가를 결정하는 거래의 시간적 범위
>
> 만약 위의 사례에서 경영자가 친구에게 주식을 양도한 시점이 1년 전이었
> 더라도 시가가 1만 원으로 결정이 될까요? 상속세 및 증여세법은 상속세
> 를 계산할 때는 6개월, 증여세를 계산할 때는 3개월을 그 범위(평가 기간)
> 로 삼습니다. 즉 평가기준일(매매계약 등을 한 날) 전후 6개월(혹은 3개월) 동
> 안에 객관적으로 인정할 만한 거래가 있었다면 그 거래가액을 시가로 인
> 정하는 것입니다.
> 다만 그 '평가 기간'에 해당되지 않는 시점이라도, 즉 8개월 전이나 9개월
> 후 등 범위 밖의 시점에서 일어난 거래라도 그 사이에 가치 변화가 일어

날 특별한 사정이 없었다면 세법이 정한 행정적 절차를 거쳐 시가로 간주하게 됩니다. 만약 실질적인 가치의 변화를 가져올 수 있는 어떤 사건이 있었다면 평가 기간을 벗어나는 매매사례가액은 쓸 수 없게 됩니다.

예를 들어 위의 사례에서 1년 동안 회사의 경영 상태가 나빠져서 주식가치가 하락할 수밖에 없었다면 그 주식의 시가를 1년 전에 거래된 1만 원으로 산정할 수 없겠지요. 이런 경우는 매매사례가액이 없는 경우에 해당됩니다. 따라서 이때에는 주식의 시가를 '보충적 평가 방법'에 의해 평가하게 됩니다.

제3자와 거래한 가격을 더 신뢰한다?

앞에서 본 사례에서 회사의 경영자는 동생에게 주당 5,000원에 1만 주를 양도했습니다. 이때 5,000원이라는 가격은 그가 양심에 비추어 자기 회사의 가치가 정말로 그 정도 된다고 생각해서 내린 결정이었습니다. 또 성인인 동생에게 주식을 일부러 싸게 팔 이유도 없었습니다. 그런데 그 경영자가 동생에게 주식을 양도하고 한 달 후에 다른 주주가 입담이 좋았는지 다른 개인에게 자신이 가진 2,000주를 주당 1만 원에 양도했습니다. 이 주식의 시가는 얼마가 되어야 할까요? 경영자의 동생에겐 억울하겠지만 세법에서는 제3자와의 거래에서 이루어진 가격을 더 신뢰하므로 1만 원을 시가로 보게 될 것이고 따라서 증여를 받을 마음이 전혀 없었던(?) 동생은 증여세를 물게 될 가능성이 있습니다.

처음에 들었던 예는 경영자가 특수관계가 없는 친구에게는 1만 원에 주식을 양도했고 친동생에게는 5,000원에 양도했으므로 다른 정당한 이유가 없는 한 증여세를 물게 될 확률이 매우 높지만 바로 위의 예는 경영자가 동생에게 주당 5,000원에 양도를 한 것뿐이고 제3자 간의 거래에서 동일한 회사의 주식이 1만 원에 거래된 것이어서 경영자의 동생 입장에서는 억울한 면이 없지 않습니다. 세법에서는 특수관계인과의 거래에서 이루어진 매매가격은 인정하지 않으려는 경향이 매우 높으므로 이 역시 동생과의 거래가 그 가격에 이루어질 수밖에 없었던 합당한 이유를 입증하지 않는 한 증여세를 물게 될 확률이 높습니다.

한편 특수관계자가 아닌 제3자와의 거래에 있어서의 시가에 대해서는 어떨까요? 벤처기업들 중에는 자금 사정이 여의치 않아 여러 주주를 모집해서 회사를 운영하는 곳이 많습니다. 이런 경우에는 세법에서 정하는 특수관계인이 아닌 사람들끼리 해당 회사의 주식을 사고파는 거래가 있을 수 있겠지요.

이때 세법에서는 '거래 당사자 사이의 관계, 거래 경위 및 가격 결정 과정과 거래 규모 등을 종합적으로 고려해서 당해 가액이 불특정 다수인 사이에 자유로이 거래가 이루어지는 경우에 통상 성립된다고 인정되는 가액'을 시가로 잡습니다. 누가 보아도 시가 결정에 좀 막연한 면이 있긴 합니다.

제 개인적인 생각도 비슷합니다. 재산을 무상으로 증여하겠다는 의도가 없었고 주관적인 판단으로 가격을 결정해서 특수관계가 없는 사람과 거래를 했는데 자신과는 상관없는 다른 사람들끼리의 거래를 기준으로 자신의 거래에 세금을 매긴다는 것은 무리가 있다고 생각합니다. 자칫 법적 안정성을 크게 해치는 결과를 가져올 수 있기 때문입니다.

그런 뜻에서 상속세 및 증여세법과 관련된 예규에서도 특수관계가 없는 제3자들 간의 거래에서 '시가 결정'은 여러 가지 상황을 고려해서 '사실 판단'을 할 사항이라며 유보적인 입장을 보이고 있습니다.

매매 사례가 없는 경우

매매 사례가 없는 경우에는 세법이 규정한 방식으로 계산된 주식의 가치를 그 주식의 시가로 삼습니다. 실제로 주식을 매매할 때도 이 평가 방법에 따라 계산된 금액을 참조하는 경우가 많습니다. 매매 사례가액이 없는 상황에서 사실상 그 주식의 가치를 산출할 수 있는 유일한 방법이니까요. 특히 매매가 잘 되지 않는 비상장주식을 특수관계인끼리 거래하는 경우에는 반드시 이 보충적 평가 방법에 의한 주식가치를 참조해야 합니다.

보충적 평가 방법에 의한 시가 결정

동생에게 양도한 주식 수	1만 주	
거래가격	5,000원	
거래금액	5,000만 원	(a)
보충적 평가 방법으로 계산한 시가 1만 원 가정	1만 원	
주식 수	1만 주	
세법에 의한 시가	1억 원	(b)
시가와의 차액	5,000만 원	(b-a)

이처럼 보충적 평가 방법을 시가로 채택하는 경우에는 주식 거래 가격이 보충적 평가 방법의 시가와 얼마나 차이가 있느냐 하는 것이 증여세 과세 여부의 판단 기준이 됩니다.

Note 증여세 과세 대상이 되는 거래와
증여세 계산 방식

1. 30%? 3억 원?

상속세 및 증여세법에서는 '저가·고가 양도에 따른 이익의 증여 등'이라는 제목으로 시가와 동떨어진 가격의 거래를 통해 재산을 무상이전 했다고 인정되는 거래에 대해 증여세를 물리고 있습니다. 그런 시가와 동떨어진 가격의 거래란 다음과 같은 경우들입니다.

실제로 거래한 가격(대가)에서 시가를 뺀 금액이 시가의 30% 이상인, 즉 고가 양도일 경우에는 양도자가 증여세를 뭅니다. 한편 시가에서 대가를 뺀 금액이 시가의 30% 이상인 경우, 즉 저가양도일 때는 양수자가 증여세를 물게 됩니다. 또한 30% 이내로 차이가 나더라도 금액적으로 3억 원 이상의 차이가 나는 경우 역시 증여세 과세 대상으로 봅니다. 예를 들어 시가가 1만 원인 주식을 동생에게 5,000원에 팔았다면 시가와의 차이가 50%이므로 증여세의 과세 대상이 됩니다. 이 경우에는 동생이 증여세를 물게 되겠죠. 만약 같은 주식을 동생에게 1만 4,000원에 팔았다면 시가와의 차이가 40%이므로 역시 증여세 과세 대상이 되며 이 경우는 주식을 양도한 형이 증여세를 물게 됩니다.
또 다른 예로 시가 1만 원짜리 주식 20만 주, 즉 시가 20억 원어치를 20% 낮은 가격인 8,000원으로 총 16억 원에 양도했다면 양도가격과 시가와의 차액이 30%가 되지 않더라도 시가와의 차이 금액이 4억 원이므로 양수자에 대한 증여세 과세 대상에 해당됩니다. 반대로 같은 수량의 같은 주식을 1만 2,000원에 팔았다면 역시 차액이 4억 원이므로 양도자에 대해서 증여세를 물리게 됩니다.

증여세 과세 대상 거래 예시

거래 유형	시가	양도가	차액	시가에 대한 차액의 비율	3억 원 초과 여부	증여세 과세 여부	납세자
특수관계인	1억 원	5,000만 원	5,000만 원	50%	미달	과세	양수자
특수관계인	1억 원	1억 4,000만 원	4,000만 원	40%	미달	과세	양도자
특수관계인	20억 원	16억 원	4억 원	20%	초과	과세	양수자
특수관계인	4억 원	3억 원	1억 원	25%	미달	과세하지 않음	–
비특수관계	1억 원	5,000만 원	5,000만 원	50%	미달	과세하지 않음	–
비특수관계	1억 원	1억 4,000만 원	4,000만 원	40%	미달	과세하지 않음	–
비특수관계	20억 원	16억 원	4억 원	20%	초과	과세	양수자
비특수관계	4억 원	3억 원	1억 원	25%	미달	과세하지 않음	–

위의 표를 보면 특수관계인이 아닌 사람과 거래를 하는 경우 거래 금액과 시가의 차액이 3억 원 이하인 경우 증여세에 해당되지 않습니다. 반면에 특수관계인 간의 거래에서는 차이 금액이 3억 원 미만이라도 일정한 계산 방법에 따라 증여세가 과세됩니다(시가와의 차이 금액 전부에 대해서 과세하는 건 아닙니다).

2. 증여세 과세 대상이 되는 이익의 계산 방식

● 특수관계인 간의 거래인 경우

시가와 대가 혹은 대가와 시가의 차이가 30% 이상인 경우는 그 시가의 30%에 해당하는 금액을 차감한 금액이 증여세의 과세 대상입니다. 다만 그 30%에 해당하는 금액이 3억 원 이상인 경우 3억 원만 공제합니다.

예를 들어 시가가 주당 1만 원으로 간주되는 주식 1만 주, 총 1억 원어치의 주식을 동생에게 주당 6,000원, 합계 6,000만 원에 양도했다면 시가와 대가의 차이는 4,000만 원이고 시가의 30%가 되는 금액은 3,000만 원입니다. 그러므로 증여세 과세 대상이 되는 이익금은 4,000만 원에서 3,000만 원을 뺀 1,000만 원으로 계산합니다. 증여세 과세표준 1억 원 이하는 10%의 세율이 적용되므로 증여세를 계산해보면 100만 원이 되겠지요.

그러나 세법의 규정에 의해 총 20억 원의 가치를 가진 주식을 동생에게 12억 원에 양도했을 때는 시가의 30%면 6억 원이지만 그 금액이 3억 원 이상이므로 3억 원만 공제를 합니다. 따라서 시가와 대가의 차이 8억 원에서 3억 원을 공제한 5억 원에 대해서 세금을 내게 됩니다. 증여세율은 누진세이므로 과세표준 5억 원에 대한 세금은 9,000만 원이겠지요.

이와 같이 특수관계인끼리의 거래는 그렇지 않은 경우에 비해 증여세가 많이 나올 수 있습니다. 거래를 염두에 두고 있다면 주변의 전문가에게 문의하는 등 주의를 게을리하지 말아야겠습니다.

● 특수관계인 간의 거래가 아닌 경우

시가와 대가의 차이가 30% 이상이거나 금액 차이가 3억 원 이상이어서 증여세 과세 대상이 되는 거래라도 특수관계인 간의 거래가 아니라면 3억 원을 공제하도록 되어 있습니다. 따라서 시가와 대가의 차이가 3억 원 이하라면 세금이 나오지 않습니다.

예를 들어 시가가 주당 1만 원으로 간주되는 주식 1만 주, 총 1억 원어치의 주식을 특수관계인에게 주당 6,000원, 합계 6,000만 원에 양도했다면 시가와 대가의 차이는 4,000만 원이고 시가의 30%가 되는 금액은 3,000만 원이 되므로 증여세 과세 대상이 되는 이익금은 4,000만 원에서 3,000만 원을 뺀 1,000만 원입니다. 하지만 특수관계인이 아닌 경우에는 3억 원이 공제되므로 이처럼 시가와 대가와의 차액이 3억 원 이하인 거래는 증여세의 과세 대상이 아닙니다.

사실 대부분의 일반 거래는 상대적으로 소규모입니다. 그러므로 특수관계인이 아닌 사람들끼리의 거래에는 증여세가 과세되는 경우가 매우 희박합니다. 그러나 큰 규모의 거래는 당연히 그렇게 쉽게 넘어가지 않습니다. 신뢰할 만한 시가가 존재하는 상태에서 그 시가와 상당히 동떨어진 가격으로 거래를 하여 시가와 대가의 차이가 3억 원 이상이 된다면 그 거래가격이 합당하다는 논거가 필요합니다. 논거가 없을 경우 증여세가 과세될 수도 있으니까요.

또한 설사 특수관계인이 아닌 사람끼리 시가와 대가와의 차액이 3억 원 이하인 거래를 한다 해도 사회통념상으로 재산의 무상 이전 의도가 명백할 경우에는 증여세를 납부해야 합니다. 대가와 시가의 차이가 2억 원인 거래를 했다 하더라도 그 거래가 누가 보아도 아주 친한 친구끼리의 증여 목적이라면 당연히 세금을 물리게 되겠지요.

증여세가 과세되는 이익의 계산

거래 유형	시가	양도가	차액	공제액	과세 대상 증여 이익	시가에 대한 차액의 비율	3억 원 초과 여부	증여세 과세 여부	납세자
특수 관계인	1억 원	5,000만 원	5,000만 원	3,000만 원	2,000만 원	50%	미달	과세	양수자
특수 관계인	1억 원	1억 4,000만 원	4,000만 원	3,000만 원	1,000만 원	40%	미달	과세	양도자
특수 관계인	20억 원	16억 원	4억 원	3억 원	1억 원	20%	초과	과세	양수자
특수 관계인	20억 원	14억 원	6억 원	3억 원	3억 원	30%	초과	과세	양수자

특수 관계인	4억 원	3억 원	1억 원	–	–	25%	미달	과세 하지 않음	–
비특수 관계	1억 원	5,000만 원	5,000만 원	–	–	50%	미달	과세 하지 않음	–
비특수 관계	1억 원	1억 4,000만 원	4,000만 원	–	–	40%	미달	과세 하지 않음	–
비특수 관계	20억 원	16억 원	4억 원	3억 원	1억 원	20%	초과	과세	양수자
비특수 관계	4억 원	3억 원	1억 원	–	–	25%	미달	과세 하지 않음	–

자, 위의 표를 보며 정리를 해봅시다. 비특수관계인은 매매가액과 시가와의 차액이 3억 원 이하인 경우 증여세가 산출되지 않습니다. 차액이 3억원을 초과하는 경우에는 3억 원을 공제해줍니다.

반면 특수관계인과의 거래 시에는 시가와의 차액이 3억 원 이상인 경우 3억 원을 공제하는 것은 비특수관계인과 같지만 차액이 3억 원 이하인 경우에도 차액에서 시가의 30%를 공제한 금액을 증여세 과세의 대상이 되는 이익으로 보고 증여세를 물립니다. 따라서 특수관계인과의 거래는 시가와의 차액이 30% 이상이고 액수가 3억 원 이하인 경우 비특수관계인과 달리 증여세를 납부해야 합니다.

매매가액과 시가의 차이가 30% 이하이고 그 금액도 3억 원 이하인 경우에는 어떤 경우에도 증여세를 내지 않습니다.

3. 특수관계인의 범위

세법에서 규정하는 특수관계인은 아주 복잡합니다. 심할 경우 전문가적 판단이 필요한 때도 있습니다. 그러나 이 책의 목적에 비추어볼 때 세세한 규정까지는 굳이 들먹일 필요는 없을 것이므로 간단하게 상식적인 차원에서 설명하도록 하겠습니다.

특수관계인은 간단히 혈족 · 인척 등 친족관계, 임원 · 사용인 등 경제적 연관관계, 주주 · 출자자 등 경영 지배관계 등으로 나눌 수 있습니다. 그중에서 상속세법 및 증여세법이 규정하는 혈족 · 인척 등 친족관계는 다음과 같습니다.

"6촌 이내의 혈족, 4촌 이내의 인척, 배우자(사실상의 혼인관계에 있는 자를 포함), 친생자로서 다른 사람에게 친양자 입양된 자 및 그 배우자 · 직계비속 및 직계비속의 배우자의 2촌 이내의 부계혈족과 그 배우자"

나머지 경제적 연관관계와 경영 지배관계는 그 규정이 매우 복잡합니다. 더구나 그 규정을 검토할 정도의 상황이면 이미 주변의 전문가를 찾아 자문을 구해야 할 것이므로 여기서는 굳이 설명을 하지 않고 넘어가도록 하겠습니다.

26

유상증자를 할 때도
증여세를 낼까?

Q 투자하고 있는 비상장회사가 유상증자를 했는데 실권주가 발생하여 저에게 배정된 주식에 추가하여 실권주를 더 인수했습니다. 그런데 한참 후에 저에게 증여세를 내라고 통지가 왔습니다. 어찌된 일인지 혼란스럽기만 합니다.

A 기업을 경영하다 보면 투자자금이나 운영자금이 필요하여 유상증자를 실시할 때가 있습니다. 무상증자는 회사의 자본잉여금을 단순히 자본금으로 전환하는 것으로서 현금의 납입이 없습니다. 따라서 주주들이 자신의 지분율에 비례하여 무상주식을 받게 됩니다. 현금의 납입이 없으므로 실권주가 생길 여지도 당연히 없습니다. 그러나 유상증자는 현금을 주주가 납입하는 증자이므로 주주가 증자대금을 납입하지 않는 경우 실권주가 생기게 됩니다. 또 반대로 회사의 필요에 의해 자본금을 줄이는 감자를 실시할 때도 있습니다.

그런데 이런 경우에도 증여세 문제가 생길 수 있습니다. 그 이유는 기본적으로는 유상증자를 하는 과정에서 다른 주주보다 이익을 보는 주주, 감자를 하는 경우에도 그 과정에서 이익을 보는 주주에게 증여세를 물리고자 하기 때문입니다. 이와 관련한 세법 규정 역시 매우 복잡합니다. 따라서 여기서는 간단히 개념 정도만 설명하고 넘어가겠습니다.

이렇게 복잡한 이야기들을 굳이 짚고 넘어가려는 것은 어려운 세법 지식을 전달하고 싶어서가 아닙니다. 혹시라도 여러분의 회사나 여러분이 투자한 회사에 이런 일이 벌어졌을 때 무심코 지나치지 않기를 바라서입니다. 이런 이야기를 어디선가 들은 기억이 있으면 적어도 '뭔가 검토할 일이 있을 수도 있구나' 하는 위기감은 느낄 수 있을 테니 말입니다.

증여세가 과세되는 유상증자

기업이 유상증자를 하면 주주들은 '주주 평등의 원칙'에 따라 기본적으로 자신이 소유한 지분의 비율만큼 신주를 배정받을 권리를 가집니다. 예를 들어 내가 어떤 회사의 주식의 2.5%를 소유하고 있는데 그 회사에서 1만 주를 새로 유상증자를 한다면 내게는 그 1만 주의 2.5%인 250주를 배정받을 권리가 발생하는 것이지요. 그런데 만일 내게 돈이 없어서 그 250주에 대한 증자대금을 회사에 납부하지 못할 수도 있습니다. 그렇게 증자에 참여하지 못하는 주식을 '실권주'라고 부릅니다. 그러면 회사는 이 실권주를 제3자 배정 등의 방식으로 기존 주주가 아닌 다른 사람에게 배정할 수 있습니다.

유상증자와 관련된 증여세 문제는 주로 주주 평등의 원칙에 어긋나는 일이 발생할 때 생깁니다. 대부분 실권주를 시가보다 낮게 혹은 높게 인수하는 데서 발생하는 것이지요. 주주들이 모두 증자에 참여하여 자신이 소유한 지분율에 비례한 주식을 가져간다면 아무 문제가 없을 것입니다. 하지만 그렇지 않은 경우 증여세 문제를 눈여겨보아야 합니다. 일부 주주가 증자에 참여하지 않아 실권주가 발생했고 그 실권주를 다시 다른 사람에게 배정한 경우, 다른 사람에게 배정하지 않더라도 실권한 주주와 특수관계가 있는 다른 주주가 그 실권된 주식 수 때문에 이익을 보는 경우, 주주가 아닌 자가 새로이 주주가 되는 경우 등에서는 반드시 증여세 문제를 검토하고 넘어가야 할 것입니다.

예를 들어 기존 주식의 시가가 주당 1만 원인 회사가 주당 6,000원에 유상증자를 하기로 결정했습니다. 그런데 2,000주를 배정받을 권리가 있는 한 주주가 자금 사정 때문에 권리를 포기를 하는 바람에 그 2,000주가 실권주가 되었습니다. 그래서 기존 주주나 새로운 사람이 그 2,000주를 인수해서 주주가 되었다면 그 사람은 1만 원의 가치가 있던 주식을 6,000원에 인수한 것입니다. 권리를 포기한 기존 주주 때문에 일정한 혜택을 보게 된 것이지요. 따라서 세법은 이런 경우 일정한 계산 규정을 두어서 그 계산식에 따른 이익에 대해 증여세를 과세하게 됩니다.

아버지가 주식의 80%, 아들이 20%를 소유한 어떤 회사가 주식 시가가 1만 원인 상태에서 기존 주식 수의 몇 배에 이르는 많은 양의 유상증자를 한다고 칩시다. 그런데 유상증자 발행가를 아주 낮은 가격, 예를 들면 2,000원 정도에 한 후 아버지가 일부러 증자에 참여하지 않고 실권을 한다면 아들은 매우 저렴한 가격에 지분율을 늘릴 수 있습니다. 이런 경우 누가 보아도 아버지가 아들에게 회사의 지분을 실질적으로 증여하는 효과가 있다고 보이므로 아들에게 증여세를 물리게 됩니다.

이와 같이 주주 평등의 원칙에 어긋나거나 제3자 배정과 같이 주주가 아닌 자가 새로이 회사의 주식을 저렴하게 인수하면서 발생하는 이익은 증여세를 물려 그 이익에 대해 과세를 하게 됩니다.

반대로 신주를 회사 주식의 시가보다 비싸게 발행함으로써 실권하는 주주가 얻는 이익이 있을 수 있습니다. 예를 들어 시가가 주당 1만 원인 회사가 주당 5만 원에 유상증자를 합니다. 그런데 아버지만 증자에 참여하고 아들은 실권할 경우 이 역시 아들이 가진 회사 주식의 지분 가치가 올라가는 결과가 생깁니다. 따라서 이때도 실권한 아들에게 증여세를 물립니다.

이와 같이 회사의 유상증자 시에는 여러 가지 경우의 수가 발생할 수 있으니 각각의 경우에 대비해서 세무 문제를 검토해야 합니다.

자본 감소, 즉 감자로 인해 증여세가 과세되는 경우

감자의 경우에는 일부 주주만의 주식 수를 감소시킴으로써 주식 수가 감소하지 않은 주주에게 이익이 돌아가면 이에 대해 과세를 합니다. 단 주식 수가 감소하지 않은 주주가 주식 수가 감소한 주주와 특수관계인인 경우에 한합니다. 가족 간 증여를 방지하려는 목적이겠지요. 주식 시가가 1만 원인 회사가 아버지가 가진 주식은 2,000원에 반환받아 소각시키고 아들이 가진 주식은 그대로 내버려둔다면 이 역시 증여세 과세 대상이 됩니다.

조금 더 예를 들어보겠습니다. 회사의 총 발행 주식 수가 1만 주이고 아버지가 6,000주, 아들이 4,000주를 소유하고 있습니다. 회사 주식의 액면가는 500원입니다. 또 주식의 시가가 1만 원으로 계산된다고 가정합시다. 이 기업의 가치는 1억 원이 될 것입니다. 이때 아버지가 가진 주식 모두를 회사가 주당 2,000원, 총 1,200만 원에 사서 소각시키면 회사는 현금이 1,200만 원 감소(자산의 감소이므로 대변에 기록)되고 자본금은 500원짜리 2,000주가 감소되므로 100만 원이 감소됩니다(자본이 감소했으므로 차변에 100만 원을 기록). 또 차액 1,100만 원은 '감자차손'으로 기타자본잉여금을 감소시키는 거래이므로 차변(혹은 대변에 마이너스)에 기록을 합니다. 이렇게 해서 차변합계 1,200만 원, 대변합계 1,200만 원의 거래가 이루어집니다.

총 1억 원의 회사에서 현금 1,200만 원이 나갔으니 회사 가치는 8,800만 원으로 감소했다고 볼 수 있습니다. 그러나 아들의 지분율이 40%에서 100%로 증가했으므로 주식 가치가 4,000만 원에서 8,800만 원으로 증가했습니다. 따라서 아버지가 시가보다 싸게 자신의 주식을 감소시킴으로써 아들이 아무것도 하지 않고 4,800만 원의 이익을 본 것입니다. 그러므로 세법에서는 이런 거래 및 기타 유사한 거래에 대해서 증여세를 과세합니다.

증여의 의도를 가지고 일부러 감자를 하였다면 모르겠으나 어떤 이유로 인해 세법을 무시하고 이러한 감자를 할 경우 때로는 생각지도 않은 거액의 세금을 물 수도 있으므로 반드시 전문가와 상의를 한 후에 감자를 실시해야 할 것입니다.

27

예상치 못하게
억울한 세금을 내는 경우

Q 아파트를 사면서 돈이 좀 모자라 제가 운영하는 법인에서 돈을 인출하고 상여금으로 회계처리를 했습니다. 그런데 세무를 잘 아는 지인이 그렇게 하면 비용이 인정되지 않는다고 합니다. 또 옷가게를 운영하는 제 아내는 실제로 남는 것은 별로 없는데 남는 금액만큼 소득세가 나왔다고 하면서 울상입니다. 세금 관리를 어떻게 해야 할지 답답하기만 합니다.

A 사업과 관련이 있다고 해서 생각 없이 자금을 지출할 경우 예상치 못하게 억울한 세금을 내는 경우가 있습니다. 기본적으로 이미 말씀드린 바와 같이 지출증빙을 꼼꼼하게 챙기는 것이 절세의 기본입니다. 그러나 증빙이 충분히 갖추어져 있더라도 제도적으로 비용을 인정해주지 않는 경우가 있습니다. 이런 경우는 몇 가지 회사 규정을 손질하기만 해도 세금 절약 효과가 있습니다.

또 개인사업자의 경우에 지출증빙을 갖추는 일을 소홀히 하는 경우가 많습니다. 평소에 현금을 생각 없이 지출했다가 종합소득세 신고 때가 돼서야 세금이 많이 나온다고 불평을 할 수도 있는 것입니다.

상여금 규정을 마련해두라

법인세법에서는 법인이 임원에게 지급하는 상여금 중 정관·주주총회·사원총회 또는 이사회의 결의에 의하여 결정된 급여 지급 기준 금액을 초과한 금액은 비용으로 손금에 산입하지 않는다고 규정하고 있습니다. 다시 말해 비용으로 인정받지 못합니다.

이 말은 회사마다 정관·주주총회·사원총회 또는 이사회를 열어서 구체적으로 임원에게 상여금을 얼마나 지급할지 정해야 한다는 소리입니다. 물론 법인에게만 해당되는 규정입니다. 개인사업자에게는 임원이라는 개념이 있을 수가 없으니까요. 임원상여금 지급 규정이 없을 경우에는 임원상여금 전액을 비용으로 인정받지 못합니다. 물론 앞에서 말한 대로 지급 규정이 있어도 그 기준을 초과한 금액은 비용으로 인정하지 않습니다.

그런데 보통 소규모 법인에서 매년 주주총회를 열거나 이사회를 개최하는 경우가 드뭅니다. 대표이사가 거의 모든 의사결정을 하는 것이 상례이므로 특별한 경우가 아니면 상법에서 정한 정기주주총회조차 무시해버리지요. 하긴 대부분이 1인 주주 회사이거나 친인척 혹은 지인이 주주인 경우가 많기 때문에 주주총회도 요식행위에 불과하다는 생각이 들 만도 합니다. 그런데 이러한 법인에서 어느 한 해 갑자기 장사가 잘되었다고 칩시다. 대표이사도 보너스를 받을 것이고 임원들도 성과급을 받을 것입니다. 하지만 그동안 주주총회를 연 적이 없어서 상여금 규정을 마련해놓지 않았다면 어떻게 되겠습니까? 그 성과급은 모두 비용으로 인정이 되지 않을 것이므로 법인세를 더 내야 합니다. 보통은 이런 사실도 모르고 성과급을 비용처리했다가 나중에 세금을 더 내면서 애통해합니다.

상여금 규정을 마련하는 일이 그리 어려운 일도 아닌데 별생각 없이 지내다가 세금을 내게 된다면 억울한 일이 아닐 수 없습니다. 이 규정은 법인의 임원들이 과도한 상여금을 받지 못하도록 하는 취지에서 만들어진 듯합니다. 실효성이 의문스럽기는 하나 법에 규정된 사항인 만큼 미리미리 준비하여 피해를 막아야 할 것입니다.

우선 자기 회사의 정관을 확인해야 합니다. 보통 법인을 설립할 때 법무사에게 맡겨 작성한 후에는 읽어볼 일이 별로 없지만 임원보수규정이 정관에 들어 있으므로 그 규정을 먼저 확인해야 합니다. 만일 정관의 규정이 임원보수를 주주총회에서 결정하도록 되어 있다면 주주총회의사록에 임원보수를 결정하는 안건이 의결되어 있어야 합니다. 물론 매년 주주총회에서 임원보수를 결정해야 하느냐에 대해서는 논란의 여지가 있지만 원칙적으로 매년 의결해두는 것이 좋습니다. 2013년에 의결했으니 굳이 같은 건을 2014년에 또 의결할 필요가 있는지 의아해하시는 분들도 많지만 한 법인의 주주는 언제든지 바뀔 수 있는 것이고 새로운 주주가 그 규정에 대해 이견을 표명할 수도 있는 것이므로 매년 의결을 하는 것이 바람직합니다.

정관의 규정이 이사회에서 결정하도록 되어 있다면 이사회에서 규정을 마련하면 되겠습니다. 이 경우에는 일단 이사회 의결에 의해 규정이 마련되었다면 굳이 매년 이사회 결의를 하지 않아도 될 것입니다. 그러나 매년 경영 상황이 달라지므로 각 직급별 상여금 한도는 매년 검토하는 것이 바람직합니다.

상여금 규정은 각 임원의 직급별로, 예를 들어 이사 몇 원 이내, 상무 몇 원 이내, 전무 몇 원 이내, 대표이사 몇 원 이내 등으로 구분하여 한도를 정해놓는 것이 좋습니다.

법인의 발행 주식이나 출자금을 1% 이상 소유하고 있으면서 그 특수관계자의 지분을 합쳐 법인에서 가장 주식 수가 많은 사람을 '지배주주'라고 합니다. 그 지배주주인 임원 또는 사용인에게 정당한 사유 없이 동일 직위의 다른 임원 또는 사용인에게 지급하는 금액을 초과하여 보수를 지급한 경우 그 초과금액은 손금에 산입하지 않습니다.

예를 들어 법인에 대표이사가 두 명 있는데 지배주주인 대표이사는 급여나 상여금으로 2억 원을 받고 지배주주가 아닌 대표이사는 1억 원만 받는다면, 그런 차이의 정당한 사유가 없는 경우 지배주주가 가져가는 보수 중 1억 원은 비용으로 인정되지 않습니다.

임원 퇴직금이 비용으로 인정받으려면?

법인이 임원에게 지급하는 퇴직금은 정관에 금액이 정해져 있거나 계산할 수 있는 기준이 정해져 있는 경우, 정관이 정한 퇴직급여 지급 규정이 따로 있는 경우에 해당 규정의 금액을 초과한 금액은 비용으로 인정받지 못합니다.

정관에 금액이 정해지지 않고 계산할 수 있는 기준도 없는 경우에는 해당 임원이 퇴직하기 전 1년 동안의 총 급여액의 10분의 1에 근속연수를 곱하여 산출된 금액이 지급 한도 금액이 됩니다. 따라서 그 한도를 초과한 금액은 비용으로 인정받지 못합니다.

한편, 소득세법에서는 임원의 퇴직소득 중에서 아래의 계산 방식에 따른 금액을 초과하는 금액은 근로소득으로 봅니다. 상대적으로 세금이 적은 퇴직 소득의 한도를 정해 퇴직금을 통한 탈세를 막겠다는 것이지요. 그 한도를 넘어 근로소득으로 간주된 금액에 대해서는 당연히 세금이 더 많이 나옵니다. 임원 퇴직 소득의 한도는 2011년 12월 31일자로 개정된 규정에 따라 이렇게 계산합니다.

2011년 12월 31일 현재 받을 퇴직금
+ 퇴직한 날로부터 소급하여 3년
(근무기간이 3년 미만인 경우에는 해당 근무기간) 동안 지급받은
총 급여의 연 평균 환산액
× 1/10 × 2012년 1월 1일 이후의 근무기간(월수)/12 × 3

이 공식은 2011년까지는 얼마가 되었든 그때까지의 퇴직금은 모두 퇴직소득으로 인정을 하되 2012년부터는 근무 기간 1년당 직전 3년 평균 연봉의 10분의 1이 되는 금액의 3배까지만 퇴직소득으로 인정을 하고 나머지는 근로소득으로 과세하겠다는 의미입니다.

예를 들어 어떤 임원이 2013년 12월 말에 퇴직을 했는데 2011년부터 평균 1억 원의 연봉을 받았고 2011년 말 현재 회사 규정에 따라 계산된 퇴직금이 9,000만 원, 그 이후의 퇴직금이 8,000만 원이어서 총 1억 7,000만 원을 퇴직금으로 받았다면 퇴직소득으로 인정되는

금액은 다음과 같이 계산할 수 있습니다.

$$9,000만 원 + 1억 원 × 24개월/12 × 1/10 × 3 = 1억 5,000만 원$$

따라서 나머지 2,000만 원은 근로소득으로 간주되어 근로소득 연말정산에 포함하여 세금을 내게 됩니다.

Note 개인사업자 절세에 관한 몇 가지 생각들

➕ 인건비 지출은 반드시 세무서에 신고해야 한다

가끔 직원이나 아르바이트생의 인건비를 세무서에 보고하지 않고 지출하는 경우가 있습니다. 세무서에 원천징수상황 및 지급명세서를 보고해야 비용으로 인정받습니다. 인건비는 그 비중이 큰 편이므로 직원이나 아르바이트의 인적상황을 확보하여 세무서에 보고하는 것이 절세의 길입니다. 관련 직원의 신분증 복사, 전화번호 등을 확보하여 세무조사를 대비하는 것이 좋습니다.

➕ 간이과세자가 나을까, 일반과세자가 나을까

간이과세자는 연매출이 4,800만 원 이하인 사업자를 말합니다. 간이과세를 선택하시는 분들은 앞으로 매출 규모가 어찌될지 모르므로 부가가치세 부담이 적다는 이유로 간이과세를 선택하는 경우가 많습니다. 그러나 간이과세자는 공제받을 세액이 매출세액보다 큰 경우 그 차액을 환급해주지는 않습니다. 그러므로 사업 초기에 인테리어 비용, 사무실 구입 비용 등과 관련된 매입세액이 아주 큰 경우 그 부가가치세를 환급받지 못할 확률이 매우 높으므로 초기에 시설투자가 많은 업종은 간이과세자보다 일반과세자가 유리합니다.

물론 연매출이 4,800만 원이 초과되어 일반과세자로 전환되는 경우에는 일정한 산식을 통해 일부 매입세액을 돌려받을 수 있는 규정이 있으나 일정 금액의 매입세액은 손해를 볼 확률이 높습니다. 규정에 의하면 시간이 지남에 따라 돌려받을 수 있는 매입세액이 점점 줄어들다가 건물·구축물의 경우에는 10년, 기타 감가상각자산은 2년이 지나면 관련 매입세액은 돌려받을 금액이 없게 됩니다.

✛ 감가상각비, 퇴직금 등도 중요한 비용!

복식부기로 장부를 기록하는 경우는 물론 간편장부 대상 사업자도 감가상각비나 퇴직금을 비용으로 올려 세금을 줄일 수 있습니다. 따라서 종합소득세 신고 시 세무회계사무실에 감가상각비나 퇴직금을 비용에 포함시켜줄 것을 당부해야 합니다.

✛ 증빙 관리가 핵심!

절세에 무슨 남 모르는 비법이 있는 건 아닙니다. 절세에 가장 중요한 것은 '부지런함'입니다. 물론 절세와 관련된 지식을 쌓는 것도 중요합니다. 그러나 지식만 갖추고 행동을 하지 않는다면 지식도 쓸모없어질 것입니다.

자신의 사업과 관련하여 이미 말씀드린 세금계산서, 계산서, 신용카드 영수증, 현금영수증 등 적격 증빙을 갖추는 데 최선을 다한다면 남들보다 세금을 덜 내게 되는 것입니다. 자신의 사업에 쓰였어도 증빙이 없으면 비용으로 처리할 길이 없습니다.

각종 지출 증빙뿐만 아니라 그 외 적격 증빙이 있을 수 없는 경우에 필요한 증빙이 무엇인지 반드시 숙지하여 장부와 함께 갖추어두어야 할 것입니다.

✛ 이월결손금 관리

사업을 하다가 손실이 발생하더라도 그 손실은 헛되이 사라지는 것이 아닙니다. 복식부기장부나 간편장부를 마련하여 세무서에 신고를 했다면 그 손실은 발생한 후 10년 동안 이익이 나는 해에 이익과 상계할 수 있습니다. 그러므로 과거에 손실이 난 해가 언제이고 그 금액이 얼마인지를 당사자가 꼼꼼히 챙기고 있어야 합니다. 왜냐하면 종합소득세 신고 때에는 세무회계사무실이 너무 바빠 과거의 이월결손금을 챙기는 것을 자칫하면 잊어버릴 수도 있으니까요.

예를 들어 작년에 1억 원의 손해가 발생하여 이월결손금 1억 원이 남아 있는데 올해 7,000만 원의 이익이 났다면 올해 낼 세금은 없는 것이 됩니다. 그러나 이월결손금의 존재를 까먹게 되면 고스란히 7,000만 원에 대한 세금을 납부하는 결과를 초래합니다.

한편 부동산임대사업에서 발생한 이월결손금은 부동산임대사업에서 발생된 이익에 대해서만 공제할 수 있습니다. 예를 들어 어떤 사람이 부동산임대사업을 하다가 부실공사로 인한 수선비가 너무 많이 발생하여 어떤 해에 2,000만 원 손실을 보았는데 그다음 해에 부동산임대로 1,000만 원의 이익을 보고 기타 사업소득이나 근로소득에서 7,000만 원의 소득을 올렸습니다. 이 경우 작년의 결손금 2,000만 원 중 부동산임대로 발생한 1,000만 원만 공제되고 나머지 10,00만 원은 다른 소득 7,000만 원에서 공제할 수 없다는 말입니다. 나머지 1,000만 원은 그다음 해에 임대소득이 발생할 경우 그 금액에서 공제할 수 있습니다.

28

명의 대여 부탁은 거절하라

Q 친구가 신용불량자라서 제 명의로 사업자등록을 하고 사업을 몇 년 했습니다. 그런데 얼마 전 세무서에서 거액의 부가가 치세를 체납했다고 재산을 압류하겠다는 통지가 나왔습니다. 세금체납 액이 많을 경우 출국금지가 될 수도 있다는데 어떻게 해결해야 할지 너 무도 당황스럽습니다.

A 살다 보면 주변의 지인으로부터 이름을 빌려달라는 부탁을 받을 수 있습니다. 보통 자신의 이름으로 사업을 할 수 없 는 상태에 있거나 자신이 내야 할 세금이 너무 많아 누진세에 의한 납세액을 줄여보려고 타인의 명의로 사업을 하려는 사람들입니다. 혹은 주식이나 부동산을 자신 명의로 하지 못할 사정이 있어 그런 부 탁을 하기도 합니다. 매몰차게 대하기 어려운 상대가 그런 얘기를 하 면 들어주기도 안 들어주기도 힘들어 참으로 난감하겠지요.

그러나 그런 종류의 부탁을 들어준 결과는 십중팔구 좋지 않게 나 타납니다. 스스로도 돌이킬 수 없는 피해를 입고 부탁한 사람과의 인

연도 험하게 끝날 가능성이 매우 높습니다. 따라서 그 순간엔 야멸차다 싶겠지만 그런 부탁엔 명확하게 거절 의사를 표해야 합니다. 그것이 길게 보아 양쪽 모두를 살리는 길입니다.

개인사업자에도, 법인에도 위험하다

아는 사람이 개인 사업을 하려고 하는데 신용불량 상태이거나 파산 상태여서 금융거래가 용이하지 않기 때문에 나에게 명의를 빌려달라고 부탁합니다. 혹은 종합소득세의 누진 효과를 피하기 위해 내 명의를 빌려달라고 합니다. 보통 이런 경우 나는 거래용 통장까지 만들어주어야 합니다. 상당한 부담이 아닐 수 없지요. 사업이 잘되거나 못 되거나를 떠나서 그 사람이 세금을 체납하거나 물건 대금을 떼먹고 잠적하는 등의 불법행위를 할 경우 그 책임은 고스란히 나에게 돌아옵니다.

세금이야 피할 방법이 영 없는 것은 아닙니다. 세법이 규정한 '실질과세의 원칙'에 따라 내가 그 사업을 하지 않았다는 사실을 증명하기만 하면 과세를 피할 수 있습니다. 하지만 그 사실을 입증하기까지 많은 시간과 비용이 들 것이고 정신적 고통까지 따를 것입니다. 더구나 내 명의를 빌린 사람이 불법행위를 저지른다면 자칫 내 인생 전체가 불행의 구렁텅이로 빠질 수 있습니다.

법인의 경영자가 자신을 이사로 등재할 수 없어 나에게 이사가 되어달라고 부탁을 하는 수도 있습니다. 보통 이런 경우 일정 정도의 월급까지 주겠다고 제안을 하기 때문에 그 유혹이 상당히 달콤합니다.

'이사'는 상법상 회사 이사회의 구성원입니다. 따라서 이사회가 정관에 위배되거나 위법한 행위를 결정한 경우 그에 찬성한 이사들도 책임을 져야 하는 것이지요. 그런데 보통 회사의 이사로 명의를 빌려준 사람들은 이사회에 참석하는 등 적극적으로 회사 경영에 참여하지 않습니다. 명의만 빌려줄 뿐이지요. 그러다 보니 명의를 빌려준 후 명의를 빌려간 사람이 자기도 모르는 사이 어떤 일을 저질러도 알 수가 없습니다. 법인의 각종 행위에 명의자의 인장을 사용할 것인데 불법적인 거래나 경제적 책임이 막중한 거래라고 해서 다르겠습니까? 혹시라도 문제가 생기면 명의를 빌려준 사람도 그 책임을 면하기가 어렵습니다. 아무리 별일이 없을 것이라고 안심을 시켜도, 또 월급을 주겠다고 유혹을 해도 명의를 빌려주는 짓은 하지 않는 것이 좋습니다. 얼마 안 되는 돈에 인생을 송두리째 타인에게 맡기시겠습니까?

주식이나 부동산에 명의신탁을 하는 경우

주식이나 부동산에 실소유주가 아닌 다른 사람이 명의를 빌려주는 경우 우리나라 세법은 명의를 빌려주는 날에 그 주식이나 부동산을 명의자에게 증여한 것으로 간주합니다. 따라서 나중에 명의를 빌려준 사실이 드러나게 되면 조세포탈 목적이 없었음을 증명하지 않는 한 명의자가 증여세를 납부해야 합니다.

이런 일이 있을 수 있습니다. A씨는 B씨가 실소유주인 주식에 명의를 빌려주었습니다. 얼마간의 시간이 지난 후 B씨는 그 주식을 양도했고 A씨 명의로 양도소득세 신고를 했습니다. A씨는 자신의 통장에 입금된 주식 양도대금을 B씨에게 송금한 후 그 일을 까맣게 잊고 편안하게 살았습니다. 그런데 난데없이 세무서에서 증여세를 내라는 통지가 날아왔습니다. B씨에 대한 세무조사를 하던 중에 B씨가 A씨의 이름을 빌려 주식을 거래한 사실이 드러났기 때문입니다. 세법은 B씨가 A씨의 이름을 빌려서 주식을 취득한 날 그 주식이 A씨에게 증여된 것으로 보기 때문에 세무서가 A씨에게 증여세를 내라고 통지한 것입니다.

A씨는 B씨에게 연락을 했지만 그사이 B씨는 사업이 어려워져 세금을 내줄 여력이 없었습니다. 그렇다고 A씨에게 세금을 낼 여력이 있는 것도 아닙니다. 얼마나 괴로운 상황입니까? 그런데 실제로 이런 곤란한 경우가 종종 발생합니다.

이와 같이 주식이나 부동산 같은 가치 있는 재산에 명의를 빌려주는 일은 그 자체로 증여세 납부 의무를 발생시키므로, 그 재산의 처분 등으로 명의신탁의 상태가 종료되더라도 그 재산과 관련된 증여세 납세 의무는 아주 오랫동안 사라지지 않습니다. 국세기본법에는 신고하지 않은 증여세는 부과할 수 있는 날로부터 15년간 부과할 수 있도록 규정되어 있습니다.

또 하나, 세법상 특수관계인이 소유한 주식에 명의를 빌려주는 경우도 주의해야 합니다. 예를 들어 매형이 운영하는 회사주식 일부에 명의를 빌려주었는데 매형과 특수관계인인 그 처남의 지분율이 합쳐 50%를 초과하는 바람에 과점주주가 되었다면 그 회사가 납부하지 못한 세금에 대하여 책임을 져야 합니다. 이 역시 조심해야 합니다.

오래가는 기업은 회계 관리 능력이 다르다

전 세계적인 현상으로 벌어지고 있는 양극화로 인해 많은 중소기업인들이 잔인한 시절을 보내고 있습니다. 갈수록 경쟁은 심화되고 우물쭈물하다가는 떨어지는 매출을 속절없이 바라볼 수밖에 없는 지경입니다.

주변의 어느 것도 사업에 호의적이지 않고 힘든 세월을 보낼 수밖에 없다면 자신의 사업체의 면역력을 길러두는 것이 호시절을 대비하는 좋은 방법이라고 생각합니다. 질병에 쉽게 무릎 꿇지 않는 면역력은 기업에 있어서는 바로 관리 능력입니다.

공인회계사로 일하면서 보아온 바로는, 오래가는 기업은 반드시 관리 체계가 잘되어 있다는 걸 알 수 있습니다. 규모와 관련 없이 경영자가 관리에 늘 신경을 쓸 때 아무래도 직원들도 더불어 관리에 신경을 쓰게 되고 그럴 경우 회사 자원이 쉽게 낭비되거나 소모되는 일은 잘 발생하지 않습니다.

때로는 경영자의 관리에 대한 의지가 직원에 대한 신뢰와 상충되는 것 아니냐 하는 생각을 가질 수 있습니다. 그러나 관리 시스템이 없는 직원에 대한 신뢰는 막연한 짝사랑일 뿐입니다. 어떤 직원이 그만두고 나서야 많은 일들이 잘못되고 있었다는 것을 알게 되는 경영자들이 있습니다.

어떤 중소기업에서 경영자가 관리부장을 아주 신임하고 있었습니다. 그 관리부장 또한 정직하고 성실한 사람이었습니다. 그런데 기업에도 일반 개인인감과 비슷한 효력을 갖는 법인인감이 있습니다. 그 인감만 있으면 회사재산을 팔아먹을 수도 있을 만큼 아주 중요한 도장입니다. 가끔 경영자가 부재하고 있을 때 급한 일이 생기면 관리부장이 그 법인인감을 사용하는 경우가 있었습니다. 그 회사의 경영자는 법인인감을 넣어두는 조그만 목재함에 자신이 웃고 있는 사진을 넣어두었습니다. 아무리 믿는 부하직원이지만 그 중요한 법인인감을 자기가 웃고 있는 얼굴을 보면 함부로 쓰지 않으리라는 생각 때문이었답니다. 비록 기록이나 장부와는 관련이 없는 얘기지만 아주 훌륭한 관리기법이라고 저는 생각했습니다.

관리 시스템은 직원에 대한 신뢰의 발판이 됩니다. 항상 기록을 하고 장부를 작성하고 그 내용을 부지런히 체크하고 검토한다면 새로운 아이디어를 생각해낼 수 있습니다. 어느 거래처에 더 적극적으로 영업을 해야 할지, 구매 거래처를 어디로 바꿀지, 수금을 어느 곳에 독촉해야 할지 등등 아주 많은 정보를 산출해낼 수 있습니다. 그리고 그런 정보들을 직원들과 함께 공유하고 토론한다면 더 높은 신뢰감을 직원들과 공유할 수 있을 것이라고 생각합니다.

기업에는 여러 부서가 있고 아주 작은 기업에서는 부서까지는 아니더라도 구매를 주로 하는 직원, 생산하는 직원, 영업하는 직원 등이 있습니다. 더 작은 기업에서는 몇 가지 종류의 일을 한 사람이 도맡아 하는 경우도 있습니다. 그런데 이러한 모든 활동은 회계전표에 전부 표시되게 되어 있고 그 회계전표는 모여서 회계장부를 이룹니다. 그러므로 회계장부를 요모조모로 뜯어보다 보면 각 역할들이 어떻게 이루어지고 있는가를 쉽게 알 수 있습니다.

이 책에서 얘기하는 회계 관리란 결국 회계장부를 통하여 기업의 여러 방면의 활동을 관리하는 방식을 얘기한 것입니다. 예를 들어 제품수불부를 들여다보면 지난달에 제품 몇 개를 생산해서 몇 개를 팔았는가를 쉽게 알 수 있고 따라서 생산활동이나 판매활동의 결과가 어땠는지를 짐작할 수 있는 것입니다. 복리후생비 장부를 보면 직원들에게 어떤 비용을 썼는지 바로 알 수 있습니다. 그리고 여비교통비 장부를 보면 누가 어디에 출장을 얼마만큼 다녔는지도 파악됩니다.

이렇듯 기업의 모든 활동은 회계전표에 숫자와 적요로 번역되어 회계장부에 모여들고 경영자는 회계장부를 통하여 자신의 사업체가 운영되는 모습을 용이하게 파악할 수 있습니다.

아무쪼록 이 험한 시기에 이 책이 중소기업의 경영자나 직원들, 창업을 준비하시는 분, 또는 취업을 하고자 하는 분들께 조금이라도 도움이 되었으면 하는 소박한 바람을 가져봅니다.

적을 만들지 않는 대화법
사람을 얻는 마법의 대화 기술 56
샘 혼 지음 | 이상원 옮김 | 전미옥 감수
280쪽 | 12,000원

심리학, 미루는 습관을 바꾸다
자꾸만 미루는 습관을 이기는 심리 훈련
윌리엄 너스 지음 | 이상원 옮김
232쪽 | 13,000원

집중력, 마법을 부리다
일 잘하는 사람의 몰입 기술
샘 혼 지음 | 이상원 옮김
272쪽 | 13,000원

기억력, 공부의 기술을 완성하다
내 머릿속에 성공 엔진을 달아줄
창의적 기억 훈련법
군터 카르스텐 지음 | 장혜경 옮김
246쪽 | 14,000원

영업의 고수는 무엇이 어떻게 다른가
최고의 세일즈 전문가들이 귀띔하는 불
황기에 더 잘 파는 비법과 전략
마이클 달튼 존슨 엮음 | 이상원 옮김
320쪽 | 15,000원

9900원의 심리학
소비자를 유혹하는 가격 결정의 비밀
리 칼드웰 지음 | 권오열 옮김
264쪽 | 14,000원

브랜드, 행동경제학을 만나다
소비자의 지갑을 여는 브랜드의 비밀
곽준식 지음 | 336쪽 | 15,000원

영업의 고수는 어떻게 탄생되는가
세일즈 전문가 45인이 털어놓는
최강 영업력의 비밀
마이클 달튼 존슨 지음 | 이상원 옮김
296쪽 | 14,000원

사장님, 어디선가 돈이 새고 있어요

초판 1쇄 발행 2014년 11월 17일

지은이 백보현
펴낸이 박선경

기획/편집 • 권혜원, 이지혜
마케팅 • 박언경
표지 디자인 • 호기심고양이
본문 디자인 • 김남정
제작 • 디자인원(031-941-0991)

펴낸곳 • 도서출판 갈매나무
출판등록 • 2006년 7월 27일 제395-2006-000092호
주소 • 경기도 고양시 덕양구 화정로 65 2115호
전화 • (031)967-5596
팩스 • (031)967-5597
블로그 • blog.naver.com/kevinmanse
이메일 • kevinmanse@naver.com

ISBN 978-89-93635-52-2/03320
값 14,000원

이 도서의 국립중앙도서관 출판예정도서목록(CIP)은 서지정보유통지원시스템 홈페이지
(http://seoji.nl.go.kr)와 국가자료공동목록시스템(http://www.nl.go.kr/kolisnet)에서 이
용하실 수 있습니다.(CIP제어번호: CIP2014030760)